DIE BESTEN REZEPTE

AUS DEUTSCHLANDS

GRÖSSTER KOCHSHOW

DIE BESTEN REZEPTE

AUS DEUTSCHLANDS
GRÖSSTER KOCHSHOW

THE TASTE

SAT.1

Inhaltsverzeichnis

Vorwort Jan Aigner

Vergangenes Jahr habe ich mit großem Vergnügen die erste Staffel von THE TASTE gesehen. Dort wollte ich mich und mein Können gerne auch einmal unter Beweis stellen. Als ich zu Beginn dieses Jahres endlich meine Bewerbung abschickte, hätte ich niemals damit gerechnet, im Anschluss an die Sendung das Vorwort für ein Kochbuch zu schreiben. Wahnsinn!

Die vergangenen Wochen waren eine phänomenale kulinarische Reise – mit fantastischen Höhen und auch tiefen Abgründen. Der Grat zwischen Höhenflug und Absturz war häufig wirklich schmal, das kann ich heute ganz sicher sagen. ‚Werde ich es wieder schaffen, die Gastköche zu überzeugen?‘ ‚Reicht mein Können für eine Geschmacksexplosion in den Mündern der Jury?‘ Das waren die bangen Fragen, die für mich und alle anderen Kandidaten ständiger Begleiter waren.

Jede Woche aufs Neue auf einem klitzekleinen Löffel Topleistungen abzuliefern und sich dabei blitzschnell auf die ständig wechselnden Situationen einzulassen, war eine echte Herausforderung. Zumal die Themen zwischen spannend, exotisch und beeindruckend lagen.

Im Team von Alexander Herrmann – der von Anfang an mein absoluter Wunsch-Coach war – und zusammen mit Rosina, Nina und Johannes haben wir gezeigt, wie wichtig Teamwork ist. Alexander hat es von Anfang an perfekt geschafft, uns den Löffel verstehen zu lehren und sein großes Können und Wissen an uns weiterzugeben.

Ganz klar gab es auch teamübergreifend viele tolle Menschen, von denen einige echte Freunde geworden sind. Hervorheben möchte ich an dieser Stelle Kai aus dem Team Lea – ein großartiger Menschen und Koch. Dass ich das Finale gewonnen habe, geht zum Teil auch auf seine Kappe.

Nun werde ich weiterziehen, mal schauen, wohin die Reise führt. Dank THE TASTE weiß ich, dass aus kulinarischer Sicht manchmal weniger mehr ist. Menschlich gehe ich enorm bereichert weiter – danke dafür an euch alle!

Euer

Jan hat's geschafft... Gratulation!

Sämtliche Rezepte des Gewinners

Zweierlei von der Königskrabbe
mit Avocadotatar und Schmortomaten

ZUTATEN

 VORSPEISE

50 MINUTEN

1 GOLDENER STERN

Für die Schmortomate:
300 g Ochsenherztomaten
100 g Staudensellerie
1 Msp. Bio-Orangenabrieb
1 Msp. Bio-Limettenabrieb
1 Prise Zucker

Für das Zweierlei:
50 ml Weißwein
Saft von 2 Limetten
2 Lorbeerblätter
1 TL Zucker
Salz
4 Beine von der Königkrabbe
    (roh, in der Schale; alternativ 400 g TK-Ware)
1 EL Crème fraîche
1 EL saure Sahne
1 Msp. Bio-Limettenabrieb
frisch gemahlener schwarzer Pfeffer

Für das Tatar:
1 Avocado
1 EL Olivenöl
½ TL Limettensaft
1 EL fein gehacktes Koriandergrün

Für Filets und Croûtons:
1 Limette
1 Scheibe Toastbrot
½ EL Olivenöl
Kresse zum Garnieren

Außerdem:
2 Anrichteringe (Ø 8 cm)

PRAXISTIPP

Falls Sie vorgegarte Beine von der Königskrabbe verarbeiten, entfällt Step 2.

„Ganz feine, subtile Schärfe - ein kulinarisches Sexspielzeug." (Frank Rosin)

Die Ochsenherztomaten vom Stielansatz befreien und mit kochendem Wasser übergießen. Nach 1 Minute die Tomaten in Eiswasser abschrecken, abtropfen lassen und die Haut abziehen. Das Fruchtfleisch fein würfeln. Das Selleriegrün abschneiden und beiseite legen. Die Stangen in feine Würfel schneiden. Die Tomatenwürfel in einer beschichteten Pfanne erhitzen und bei niedriger Hitze 15 Minuten einkochen.

Für das Zweierlei ausreichend Wasser in einem großen Topf mit Selleriegrün, Weißwein, Saft von 1 Limette, Lorbeer, Zucker und 1 TL Salz aufkochen. Die Krabbenbeine im heißen Sud 4–5 Minuten ziehen lassen. Herausnehmen und sofort in Eiswasser abschrecken. Die Panzer der Beine mit einer Geflügelschere der Länge nach spalten und das Fleisch auslösen. Die Hälfte in feine Streifen zupfen, mit Crème fraîche und saurer Sahne mischen. Das Krabbentatar mit Limettenabrieb und -saft sowie Salz und Pfeffer abschmecken.

Für das Tatar die Avocado halbieren, entkernen, schälen und das Fruchtfleisch in feine Würfel schneiden. Mit Olivenöl, Limettensaft und Koriandergrün mischen und mit Salz und Pfeffer abschmecken.

Für die Schmortomaten den Sellerie 1 Minute vor Ende der Garzeit unterrühren. Das Ganze mit Orangen- und Limettenabrieb, Zucker, Salz und Pfeffer abschmecken.

Für die Filets von der Limette Ober- und Unterseite kappen, die Frucht mit einer Schnittfläche auf die Arbeitsfläche stellen und mit einem scharfen Messer rundherum die Schale samt weißem Häutchen abschneiden. Die Frucht in eine Hand nehmen und die Filets aus den Zwischenhäutchen vorsichtig herausschneiden.

Für die Croûtons das Toastbrot entrinden und in sehr kleine Würfel schneiden. Das Olivenöl in einer beschichteten Pfanne erhitzen und die Brotwürfel darin bei mittlerer Hitze goldbraun rösten. Herausnehmen und auf Küchenpapier abtropfen lassen.

Das Krabbentatar in den Anrichteringen auf den Tellern platzieren. Ringe abnehmen, das restliche Königskrabbenfleisch sowie je zwei Limettenfilets auflegen. Daneben je einen Klecks Avocadotatar und Schmortomaten auf die Teller setzen. Das Ganze mit Croûtons bestreuen und mit Kresse garniert servieren.

Knusprige Calamaretti
mit zweierlei Lauch und Zitronensauerrahm

ZUTATEN

 VORSPEISE

 1 STUNDE

Für den Lauch:
1 mehligkochende Kartoffel
Salz
2 Lauchstangen
2 TL Butter
30 ml trockener Weißwein
120 g Crème double
frisch gemahlener schwarzer Pfeffer
1 Zweig Thymian
1 EL Weißweinessig
1 Prise Zucker
geröstete Sesamsamen zum Garnieren

Für den Sauerrahm:
75 g saure Sahne
½ TL Bio-Zitronenabrieb
Saft von ½ Bio-Zitrone
1 TL gemahlener Koriander

Für die Calamaretti:
300 g Calamaretti
1 Spritzer Zitronensaft
2 EL Mehl
150 ml Pflanzenöl
1 EL Butter

Außerdem:
Vakuumbeutel (alternativ Zip-Frischhaltebeutel)
Vakuumierer
Sous-vide-Garer (alternativ Wasserbad plus Thermometer)

PRAXISTIPP

In der Sendung habe ich das Gericht mit ungerösteten Sesamsamen bestreut, weil das Thema „Weiß" war. Die Sesamsamen schmecken natürlich viel aromatischer und nussiger, wenn sie vor dem Servieren in einer beschichteten Pfanne ohne Fett goldbraun geröstet werden. Aber Achtung! Sesamsamen verbrennen sehr leicht.

Die Kartoffel schälen, in kleine Würfel schneiden und in kochendem Salzwasser 15 Minuten weich garen. In der Zwischenzeit den Lauch putzen und den weißen Teil in feine Ringe schneiden. 10 schöne Lauchringe beiseite legen. 1 TL Butter in einer Pfanne erhitzen und den übrigen Lauch darin bei mittlerer Hitze anschwitzen. Mit dem Weißwein ablöschen und die Flüssigkeit vollständig einkochen. Die Crème double einrühren und alles bei niedriger Hitze 8–10 Minuten weich garen. Mit Salz und Pfeffer abschmecken.

Die Kartoffeln abgießen, kurz ausdampfen lassen, dann unter das Lauchgemüse heben. Die Masse mit dem Stabmixer kurz aufmixen und durch ein feinmaschiges Sieb streichen. Mit der restlichen Butter verfeinern, mit Salz und Pfeffer abschmecken und warm stellen.

Die restlichen Lauchringe mit Thymian, Weißweinessig, Zucker und 1 Prise Salz in einem Vakuumbeutel fest verschließen. Ein Wasserbad auf 60 °C erhitzen und die Lauchringe darin 12–15 Minuten garen.

Währenddessen für den Sauerrahm die saure Sahne mit Zitronenabrieb und -saft sowie Koriander verrühren und mit Salz und Pfeffer abschmecken. Beiseite stellen.

Die Calamaretti putzen und den Stachel herausziehen. Die Beine von den Tuben trennen. Die Tuben in Ringe schneiden. Beine und Ringe mit Zitronensaft, Salz und Pfeffer würzen, dann im Mehl wälzen. Das Pflanzenöl in einem Topf erhitzen und die Beine darin bei starker Hitze etwa 30 Sekunden goldbraun frittieren. Herausheben und auf Küchenpapier abtropfen lassen. Die Butter erhitzen und die Tubenringe darin bei starker Hitze kurz rundherum scharf anbraten.

Die Lauchröllchen aus dem Wasserbad heben, einige Minuten abkühlen lassen, aus dem Beutel nehmen und abtropfen lassen.

Auf den Tellern seitlich einen Lauchcreme-Spiegel ausstreichen und die Lauchröllchen darauf platzieren. Die Calamarettituben mit den knusprigen Beinen anlegen. Daneben mit etwas Zitronensauerrahm eine Linie ziehen und das Ganze mit gerösteten Sesamsamen garniert servieren.

Gegrillte Banane
mit zweierlei Petersilie und Kaisergranat

ZUTATEN

👥 VORSPEISE
🕐 45 MINUTEN
🥄 ZWEITBESTER LÖFFEL

Für die Banane:
1 mittelreife Banane
20 g Pinienkerne
1 TL Butter

Für die Petersilie:
100 g glatte Petersilie
2 TL Olivenöl
2 Msp. Bio-Limettenabrieb
1 Msp. Meersalz-Flakes
   (z. B. von Maldon)
Salz
1/2 Avocado
1 Spritzer Bio-Limettensaft
1 Prise Zucker
frisch gemahlener schwarzer Pfeffer

Für die Kaisergranate:
6 Kaisergranate (s. S. 124)
1 TL Butter

„Sehr, sehr schöne Texturen."
(Heiko Antoniewicz – Gastjuror)

- Die Banane schälen und in fingerdicke Scheiben aufschneiden. Die Scheiben in einer gusseisernen Grillpfanne ohne Fett bei mittlerer Hitze von jeder Seite 5 Minuten braten. Herausnehmen, auf einen flachen Teller legen und beiseite stellen.

- Die Pinienkerne mit der Butter in einer Pfanne bei mittlerer Hitze goldbraun rösten. Herausnehmen, kurz abkühlen lassen, dann mittelfein hacken und die Bananenscheiben damit bestreuen. Beiseite stellen.

- Von den Petersilienstängeln 20 g der feinsten Blätter abzupfen, mit 1 TL Olivenöl, 1 Msp. Limettenabrieb und Meersalz-Flakes würzen. Beiseite stellen.

- Die restliche Petersilie in kochendem Salzwasser 10 Sekunden blanchieren. Herausheben, sofort in Eiswasser abschrecken, abtropfen lassen und kräftig ausdrücken. Den Stein der Avocado entfernen, das Fruchtfleisch herauskratzen und im Blitzhacker oder mit dem Stabmixer mit der blanchierten Petersilie 1 Minute pürieren. Mit 1 TL Olivenöl, 1 Msp. Limettenabrieb, Limettensaft, Zucker, Salz und Pfeffer abschmecken.

- Die Kaisergranate vorbereiten (s. Tipp). Die Butter in einer Pfanne aufschäumen, die Kaisergranate mit Salz würzen und in der heißen Butter bei mittlerer Hitze von jeder Seite 15 Sekunden anbraten.

- Zum Servieren auf zwei schwarzen Schieferplatten die Kaisergranate leicht überlappend anrichten. Die Bananenscheiben ebenfalls leicht überlappend in einer Reihe daneben auflegen, an einem Ende den Petersiliensalat platzieren. Daneben einen Klecks Avocado-Petersilien-Creme zu einer Linie ausstreichen.

PRAXISTIPP

Zum Vorbereiten der Kaisergranate die Scheren vom Kopf, dann den Kopf vom Schwanzteil abdrehen. Den Schwanzpanzer auf der Unterseite aufbrechen und das Fleisch aus den Schalen lösen. Das Fleisch am Schwanzende abdrehen oder einschneiden und den Darm vorsichtig herausziehen.

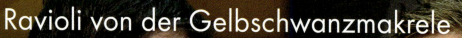

Ravioli von der Gelbschwanzmakrele

mit zweierlei Sellerie und krosser Hähnchenhaut

ZUTATEN

 VORSPEISE

 35 MINUTEN

Für die Hähnchenhaut:
Haut von 1 Hähnchenbrust

Für den Sellerie:
150 g Knollensellerie
2 Schalotten
50 g Butter
Salz
100 g Crème double
frisch geriebene Muskatnuss
frisch gemahlener schwarzer Pfeffer
1 Stange Staudensellerie
1 Prise Zucker
1 EL Olivenöl
1 Spritzer Bio-Limettensaft

Für die Ravioli:
300 g Gelbschwanzmakrelenfilet (ohne Haut)
1 TL frisch geriebener Meerrettich
1 Msp. Bio-Limettenabrieb
1 TL Bio-Limettensaft
2 EL Olivenöl

Außerdem:
runder Ausstecher oder Anrichtering (Ø 6 cm)

PRAXISTIPP

Sollten beim Schneiden des Fischs die Scheiben zu dick geraten, diese zwischen zwei Lagen Frischhaltefolie mit dem Rollholz etwas plattieren.

Die Hähnchenhaut in einer beschichteten Pfanne glatt ausstreichen, Backpapier auflegen, das Ganze mit einem Topf beschweren und die Haut bei niedriger Hitze etwa 20 Minuten langsam knusprig braten.

In der Zwischenzeit für die Selleriecreme Knollensellerie und Schalotten schälen und in feine Würfel schneiden. Die Butter in einem Topf erhitzen und die Schalottenwürfel darin bei mittlerer Hitze 4 Minuten glasig schwitzen. Die Selleriewürfel mit 1 Prise Salz hinzufügen, kurz mitdünsten, dann die Crème double einrühren und den Sellerie 5–7 Minuten weich dünsten. Die Masse mit dem Stabmixer fein pürieren und mit Muskatnuss, Salz und Pfeffer abschmecken.

Für die Sellerievinaigrette den Staudensellerie mit dem Sparschäler schälen und in feine Brunoise (s. S. 124) schneiden. Die Würfelchen mit je 1 Prise Zucker und Salz würzen und 5 Minuten ziehen lassen, dann mit Olivenöl und Limettensaft verrühren.

Für die Ravioli das Makrelenfilet waschen, mit Küchenpapier trocken tupfen und vorhandene Gräten ziehen. Die Schneide eines großen scharfen Messers 7 cm von der breiteren Kopfseite entfernt im 45-Grad-Winkel ansetzen und aus dem Filet mit sanftem Druck zur Kopfseite hin 6 Scheiben (2–3 mm dick) herausschneiden. Aus den Scheiben mit dem Ausstecher Kreise ausstechen. Das restliche Fischfleisch sehr fein würfeln. Das Tatar mit Meerrettich, Limettenabrieb und -saft sowie Olivenöl mischen und mit Salz und Pfeffer abschmecken.

Die krosse Hähnchenhaut auf Küchenpapier abtropfen und leicht abkühlen lassen, dann in kleine Stücke brechen.

Auf jede Fischscheibe mittig 1 TL Tatar setzen und eine Seite der Scheibe über der Füllung auf die andere Seite klappen.

Auf jedem Teller einen Klecks Selleriecreme zu einem Streifen ausstreichen, je drei Ravioli darauf platzieren, die Hähnchenhautstücke dazwischen einstecken, das Ganze rundherum mit der Sellerievinaigrette beträufeln und mit gerösteten Sesamsamen garniert servieren.

Wolfsbarsch

mit Pinienkernkruste, Pfirsichcreme, Steinpilzen und Brombeergelee

ZUTATEN

 VORSPEISE

🕐 1 STUNDE

Für das Gelee:
50 g Brombeeren
1 Prise Zucker
1 Spritzer Bio-Limettensaft
1 Msp. Bio-Limettenabrieb
1 Msp. Agar-Agar (s. Tipp S. 22)

Für die Creme:
1 Pfirsich
1 Prise Zucker
1 Msp. Bio-Limettenabrieb

Für den Fisch:
1 EL Pinienkerne
1 TL frische Thymianblättchen (s. Tipp)
1 EL Olivenöl
2 Wolfsbarschfilets
   (aus dem Mittelstück; à 120–140 g)

Für die Pilze:
100 g frische Steinpilze
½ EL Olivenöl
Salz
frisch gemahlener schwarzer Pfeffer

Außerdem:
runder Ausstecher (Ø etwa 5 cm)

PRAXISTIPP

Es ist praktisch, Gewürze wie Thymian, Rosmarin, Oregano und Salbei stets zur Hand zu haben. Sie gedeihen nicht nur im eigenen Garten, sondern auch als Kräutertopf oder -kasten draußen auf der Fensterbank oder dem Balkon. Wichtig ist, dass sie ein sonniges Plätzchen bekommen und im Winter nicht zu warm stehen. Sonst schießen gerade beim Thymian die Triebe zu sehr in die Höhe und werden sehr dünn. Aber auch vor Frost sollte man Kräuter schützen und im Winter dick genug abdecken.

Für das Gelee die Brombeeren mit Zucker und Limettensaft bei mittlerer Hitze anschmoren. Mit Limettenabrieb abschmecken, mit dem Stabmixer pürieren und durch ein feinmaschiges Sieb streichen. Agar-Agar unterrühren, alles noch einmal aufkochen und die Masse auf einem flachen Teller 2–3 mm dünn ausstreichen. Mindestens 15 Minuten kalt stellen.

In der Zwischenzeit für die Creme den Pfirsich halbieren, entsteinen und in Stücke schneiden. Die Pfanne reinigen, erneut erhitzen und die Pfirsichstücke darin mit dem Zucker bei mittlerer Hitze weich schmoren. Die Pfirsichstücke mit dem Stabmixer pürieren, das Püree nach Belieben durch ein feinmaschiges Sieb streichen und mit Limettenabrieb sowie etwas mehr Zucker nach Bedarf abschmecken.

Für den Fisch die Pinienkerne mit den Thymianblättchen in einer beschichteten Pfanne ohne Fett bei mittlerer Hitze goldbraun rösten. In einen Mörser umfüllen, leicht abkühlen lassen und grob zerstoßen.

Die Steinpilze putzen und mit Küchenpapier trocken abreiben. Die Hälfte der Pilze senkrecht in Scheiben schneiden, den Rest in 2 x 2 cm große Würfel schneiden. Das Olivenöl in einer Pfanne erhitzen und die Steinpilzscheiben und -würfel darin nacheinander anbraten. Mit Salz und Pfeffer würzen und warm stellen.

Für den Fisch das Olivenöl in einer Pfanne ausstreichen und erhitzen. Den Wolfbarsch darin bei mittlerer Hitze zunächst auf der Hautseite 3 Minuten kross braten. Die Pfanne vom Herd ziehen, den Fisch mit Salz und Pfeffer leicht würzen, wenden und kurz nachziehen lassen. In der Zwischenzeit aus dem Brombeergelee mit dem Ausstecher 2 Kreise ausstechen.

Zum Servieren jeweils in der Tellermitte die Steinpilzwürfel platzieren. Die Steinpilzscheiben darauf verteilen, den Wolfbarsch leicht seitlich ansetzen und mit den zerstoßenen Pinienkernen belegen. Daneben einen Klecks Pfirsichcreme auf die Teller setzen und die Brombeergeleekreise wie einen Deckel auflegen.

Yellowfin Tuna
mit Sesam-Koriander-Kruste, Tomatenherzen, Papaya und Petersiliencreme

ZUTATEN

 VORSPEISE
 45 MINUTEN
 3 GOLDENE STERNE

Für die Creme:
2 Bund glatte Petersilie
Salz
100 g Babyspinat
1 EL Crème fraîche
1 Msp. Xanthan
1 Prise Zucker
frisch gemahlener schwarzer Pfeffer

Für die Herzen:
2 reife Strauchtomaten
1 EL Zucker
1 Stängel Zitronengras
2 Kaffir-Limettenblätter
1 Zweig Rosmarin

Für die Papaya:
½ kleine Papaya
1 TL Sesamöl
1 Spritzer Bio-Limettensaft

Für die Chips:
2 Wan-Tan-Blätter
  (TK-Ware; aus dem Asiamarkt)
1 EL schwarze Sesamsamen
20 g flüssige Butter

Für den Fisch:
280 g Yellowfin Tuna (Sushi-Qualität; s. S. 125)
Abrieb von 1 Bio-Limette
1 TL Koriandersamen
1 EL Olivenöl
2 EL weiße Sesamsamen
Meersalz-Flakes (z.B. von Maldon)
  zum Garnieren

Außerdem:
Entsafter
Spritzbeutel

PRAXISTIPP

Falls Sie keinen Entsafter zur Verfügung haben, können Sie Petersilie und Spinat auch mit ein paar EL Wasser mit dem Stabmixer oder im Standmixer sehr fein pürieren. Die Masse über einer Schüssel in ein Passiertuch oder einen Nussmilchbeutel geben, kräftig ausdrücken und abtropfen lassen.

„Anrichtung und Geschmackskomposition sind mehr als finalwürdig!" (Tim Mälzer)

■ Für die Creme die Petersilienblätter entsaften (s. Tipp). Den Spinat in kochendem Salzwasser 10 Sekunden blanchieren. Sofort in Eiswasser abschrecken, abtropfen lassen und die Flüssigkeit herausdrücken. Den Spinat ebenfalls entsaften. Beides mit Crème fraîche, Xanthan, Zucker, Salz und Pfeffer verrühren und mit dem Stabmixer cremig pürieren. Die Masse in einen Spritzbeutel füllen und bis zum Servieren im Kühlschrank kalt stellen.

■ Für die Herzen die Tomaten halbieren und die Kerngehäuse mit einem Löffel vorsichtig aus dem Fruchtfleisch lösen. In einem Topf 100 ml Wasser mit Zucker, angedrücktem Zitronengras, Kaffir-Limettenblättern sowie Rosmarin erhitzen und die Flüssigkeit sirupartig einkochen. Den Topf vom Herd nehmen, die Masse leicht abkühlen lassen und die Tomatenherzen unterheben. Beiseite stellen.

■ Die Papaya schälen, halbieren, entkernen und das Fruchtfleisch in feine Würfel schneiden. Mit Sesamöl, Limettensaft und Salz abschmecken. Beiseite stellen.

■ Für die Chips den Backofen auf 180 °C Umluft vorheizen. Die Wan-Tan-Blätter auf einem mit Backpapier ausgelegten Blech verteilen, mit Butter bestreichen, mit schwarzem Sesam und Salz bestreuen und im heißen Ofen 6–8 Minuten backen. Herausnehmen, abkühlen lassen und in Stücke brechen.

■ Den Yellowfin Tuna in zwei gleich große Stücke schneiden. Mit Limettenabrieb, Salz und Pfeffer würzen. Die Koriandersamen in einer Pfanne ohne Fett bei mittlerer Hitze rösten, bis sie zu duften beginnen. In einen Mörser füllen, zerreiben und den Thunfisch damit bestreuen. Den Fisch mit etwas Olivenöl beträufeln. Die weißen Sesamsamen aufstreuen und leicht andrücken.

■ In einer beschichteten Pfanne das restliche Olivenöl erhitzen und den Thunfisch darin bei mittlerer Hitze auf der sesambestreuten Seite 1 Minute anbraten. Die Stücke in je drei Streifen schneiden.

■ Auf den Tellern jeweils einen Klecks Petersiliencreme zu einer Linie ausstreichen und die marinierten Tomatenherzen auflegen. Darauf den gebratenen Thunfisch setzen und die Wan-Tan-Blätter auflegen. Seitlich davon eine Linie aus marinierter Papaya ziehen und das Ganze mit Meersalz-Flakes bestreut servieren.

Thunfischravioli
mit Kalbstatar, Eidotteremulsion, Kaperntextur und Sardine

ZUTATEN

 VORSPEISE

 45 MINUTEN

Für die Textur:
1 Zwiebel
50 g Butter
100 g Kapern
1 EL Weißwein
80 g Sahne
¼ gestrichener TL Agar-Agar (s. Tipp)

Für die Füllung:
120 g Kalbsfilet
2 EL Olivenöl
1 Msp. Dijon-Senf
1 Msp. Ketchup
1 Msp. sehr fein gehackte Essiggurken
Salz
frisch gemahlener weißer Pfeffer

Für die Emulsion:
1 Eigelb
3 EL Maiskeimöl
1 EL Crème fraîche
1 Msp. Dijon-Senf
1 TL Zitronensaft

Für die Ravioli:
300 g Thunfischfilet (Sushi-Qualität)

Für die Sardine:
2 frische Sardinenfilets (à 75 g)
1 EL Zitronensaft
1 Eiweiß
4 EL Panko (asiat. Paniermehl)
200 ml Rapsöl
Kresse zum Garnieren

PRAXISTIPP

Agar-Agar ist ein geschmacksneutrales, rein pflanzliches Bindemittel, das aus Algen gewonnen wird. Es muss mit den Speisen 2 Minuten gekocht werden, um seine Gelierwirkung zu erzielen. Man kann es als Ersatz für Gelatine benutzen. Die Faustformel für den Einsatz lautet:
¾ TL Agar-Agar-Pulver pro 500 ml Flüssigkeit entsprechen 6 Blatt Gelatine.

„Das ist wie Architektur auf dem Löffel!"
(Alexander Herrmann)

Für die Textur die Zwiebel schälen und fein würfeln. Die Butter in einem kleinen Topf erhitzen und die Zwiebelwürfel darin bei mittlerer Hitze glasig schwitzen. Die Kapern hinzufügen, mit dem Weißwein ablöschen, Sahne angießen und mit Agar-Agar binden. Die Masse mit dem Stabmixer pürieren. Eine kleine Schüssel mit flachem Boden mit Frischhaltefolie auslegen, die Textur darauf verteilen und im Kühlschrank fest werden lassen.

In der Zwischenzeit für die Füllung das Kalbsfilet fein schneiden, mit den restlichen Zutaten vermengen und mit Salz und Pfeffer abschmecken.

Für die Emulsion das Eigelb mit dem Stabmixer verrühren, dabei das Maiskeimöl tropfenweise einfließen lassen und alles zu einer cremigen Mayonnaise mixen. Crème fraîche und Dijon-Senf unterrühren und die Emulsion mit Zitronensaft, Salz und Pfeffer abschmecken.

Für die Ravioli den Thunfisch abtupfen, quer in 6 Scheiben schneiden und diese zwischen zwei Lagen Frischhaltefolie 3 mm dünn plattieren. Die Scheiben mit Kalbstatar füllen und zu Ravioli zusammenlegen.

Für die Sardine die Filets auf Gräten prüfen und vorhandene ziehen. Die Filets mit Zitronensaft beträufeln. Zum Panieren das Eiweiß verquirlen und den Fisch erst durch das Eiweiß ziehen, dann im Panko wenden. Das Rapsöl in einer kleinen Pfanne erhitzen und die Sardinenfilets darin schwimmend goldbraun ausbacken. Herausheben und auf Küchenpapier abtropfen lassen.

Die Kaperntextur aus der Schüssel nehmen, die Frischhaltefolie entfernen und die feste Masse in kleine Würfel schneiden.

Auf jedem Teller einen Klecks Eidotteremulsion zu einer Linie ausstreichen, drei Ravioli darauf verteilen, die Kaperntextur-Würfel daran platzieren, die knusprige Sardine daneben anrichten und das Ganze mit Kresse garniert servieren.

Surf and Turf
von Rinderfilet und Carabinero mit Avocado und Krustentiersud

ZUTATEN

 ZWISCHENGANG
 45 MINUTEN

Für das Surf and Turf:
6 oder 8 Carabineros (s. S. 124)
50 g Butter
2 Zweige Thymian
160 g Rinderfilet
1 TL Kapern
1 Msp. Dijon-Senf
1 Msp. Ketchup
2 Tropfen Tabasco
1 TL Olivenöl

Für den Sud:
2 Schalotten
1 TL Olivenöl
20 ml Wermut (z. B. Noilly Prat)
100 ml Kurstentierfond
3 Tomaten (vorzugsweise rot, gelb und grün)
1 EL kalte Butter
Salz
frisch gemahlener schwarzer Pfeffer

Für die Avocado:
1 Avocado
1 EL Crème fraîche
Abrieb und Saft von ½ Limette

Für den Ring:
schwarze Sesamsamen
1 Blatt Strudel- oder Filoteig (s. Tipp S. 40)
1 TL flüssige Butter

Außerdem:
Vakuumbeutel (alternativ Zip-Frischhalte
  beutel; s. Tipp)
Vakuumierer
Sous-vide-Garer (alternativ Wasserbad
  plus Thermometer)
Sous-vide-Garer (s. Tipp)
Spritzbeutel (s. Tipp S. 93)
2 Metall-Ausstecher (Ø 3 cm)
2 Anrichteringe (Ø 6–8 cm)

PRAXISTIPP

Sie können auch ohne Vakuumierer und Sous-vide-Gerät bei Niedertemperatur garen. Dazu das Gargut in einen Zip-Frischhaltebeutel geben, die Luft herausdrücken und den Beutel verschließen. In einem Topf ausreichend Wasser auf die angegebene Temperatur erhitzen und den Beutel hineingeben. Während der Garzeit den Beutel immer wieder schwenken, die Temperatur prüfen und regulieren. Die Qualität des Ergebnisses kann unter Umständen ein wenig abweichen.

„Großer Löffel, sehr starkes Essen, top zubereitet!" (Frank Rosin)

■ Die Köpfe der Carabineros abdrehen, die Schalen aufbrechen und das Fleisch herauslösen. Das Schwanzstück abschneiden und den Darm herausziehen. Die Butter in einem kleinen Topf erhitzen, den Thymian dazugeben, den Topf vom Herd nehmen und den Thymian in der Butter 5 Minuten ziehen lassen. Die Carabineros mit Butter und Thymian in einem Vakuumbeutel fest verschließen und im Wasserbad bei 55 °C 12–15 Minuten ziehen lassen. Herausnehmen und im Beutel beiseite legen.

■ Für den Sud die Schalotten schälen und in feine Würfel schneiden. In einem Topf das Olivenöl erhitzen und die Schalottenwürfel darin bei mittlerer Hitze 5 Minuten glasig schwitzen. Carabinero-Köpfe und -schalen dazugeben und bei starker Hitze unter ständigem Rühren rösten. Mit Wermut ablöschen und die Flüssigkeit fast vollständig einkochen. Mit dem Krustentierfond auffüllen und das Ganze bei mittlerer Hitze auf die Hälfte der Menge reduzieren. Den Sud zweimal durch ein feinmaschiges Sieb gießen und mit Salz und Pfeffer würzen.

■ Die bunten Tomaten ohne Stielansatz mit kochendem Wasser überbrühen. Nach 10 Sekunden abgießen, in Eiswasser abschrecken und die Haut abziehen. Die Tomaten halbieren, entkernen und fein würfeln. Den Sud wieder erhitzen und die kalte Butter einrühren. Abschließend die Tomatenwürfel unterheben.

■ Die Avocado halbieren, entkernen und das Fruchtfleisch herauskratzen. Avocadofleisch, Crème fraîche und Limettenabrieb mit dem Stabmixer 2 Minuten hell und cremig pürieren und mit Limettensaft, Salz und Pfeffer abschmecken. In einen Spritzbeutel füllen und im Kühlschrank kalt stellen.

■ Das Rinderfilet zu feinem Tatar schneiden. Die Kapern hacken und mit Senf, Ketchup, Tabasco und Olivenöl unter das Tatar mischen. Mit Salz und Pfeffer abschmecken.

■ Für den Ring den Backofen auf 180 °C Umluft vorheizen. Den Sesam in einer Pfanne ohne Fett bei mittlerer Hitze anrösten. Den Strudelteig in 5 mm breite Streifen schneiden, mit der Butter bepinseln und um die kleinen eingefetteten Metall-Ausstecher wickeln (s. Tipp S. 88). Enden gut andrücken. Die Ringe im heißen Ofen 4 Minuten goldbraun backen. Herausnehmen, leicht abkühlen lassen, von den Metallringen streifen, einen Tupfen Butter daraufgeben und an dieser Stelle ganz leicht in den Sesam tauchen.

■ Zum Servieren die größeren Anrichtringe auf die Teller setzen, jeweils etwas Tatar hineinfüllen, leicht andrücken und die Anrichteringe abziehen. Die Carabineros aus dem Beutel nehmen, nochmals mit der Butter bepinseln und seitlich an das Tatar anlegen. Rundherum einige Avocadotupfen auf die Teller setzen. Den Krustentiersud zwischen den Tupfen auf die Teller geben und den knusprigen Ring auf das Tatar setzen.

Geräuchertes Rinderfilet
mit Rote-Bete-Texturen, Meerrettichcreme und gerösteter Walnuss

ZUTATEN

 VORSPEISE
 1 STUNDE

Für das Fleisch:
360 g Rinderfilet
Salz
frisch gemahlener schwarzer Pfeffer
1 EL Olivenöl
Fleur de Sel

Für die Texturen:
2 Knollen Rote Bete (s. Tipp)
120 ml Pflanzenöl
1 Msp. gemahlener Kümmel
1 EL Himbeeressig
1 TL Balsamico-Essig
100 ml Gemüsefond
50 g Butter
50 g Sahne
1 Prise Zucker
2 Zweige Thymian

Für die Creme:
1 EL frisch geriebener Meerrettich
75 g Crème fraîche

Für die Nuss:
3 Walnüsse

Außerdem:
50 g Räuchermehl (s. S. 125)
Fleischthermometer

PRAXISTIPP

Da die Rote Bete stark färbt, tragen Sie bei ihrer Verarbeitung am besten Einweg- oder Küchenhandschuhe. Diese farbenfrohe Tatsache hat allerdings auch Vorteile, die sich die Lebensmittelbranche durchaus zu Nutzen macht: Das fast geschmacksneutrale Rote-Bete-Pulver wird gerne zum Färben von Speisen wie Pasta, Reis, Spätzle, Gebäck oder Eis benutzt.

„Die Rauchnote ist subtil und intelligent."
(Frank Rosin)

■ Das Fleisch mindestens 1 Stunde vor der Zubereitung aus dem Kühlschrank nehmen. Einen weiten Topf (alternativ eine hochwandige Pfanne) im Bodenbereich mit Alufolie auskleiden, darauf das Räuchermehl verteilen, den Deckel auflegen und den Topf bei starker Hitze erhitzen, bis das Mehl zu rauchen beginnt.

■ In der Zwischenzeit das Rinderfilet parieren, das heißt von Fett und Sehnen befreien, mit Salz und Pfeffer würzen und in Backpapier einrollen (die Seiten nicht verschließen). Wenn das Mehl raucht, die Rindfleischrolle auf das Räuchermehl legen, Deckel wieder aufsetzen, Pfanne vom Herd nehmen und das Fleisch 10 Minuten räuchern.

■ Den Backofen auf 80 °C Umluft vorheizen. Das Olivenöl in einer Pfanne erhitzen und das geräucherte Rinderfilet darin bei starker Hitze rundherum 2 Minuten scharf anbraten. Herausnehmen und im heißen Ofen auf dem Rost bis zu einer Kerntemperatur von 55 °C fertig garen.

■ Währenddessen die Rote Bete schälen. ½ Knolle beiseite legen, den Rest in kleine Würfel schneiden. In einem Topf 1 EL Pflanzenöl erhitzen, die Rote-Bete-Würfel dazugeben und mit Kümmel, Salz und Pfeffer würzen. Mit den beiden Essigsorten ablöschen, den Gemüsefond angießen und die Würfel 10 Minuten weich dünsten. 2 EL Rote-Bete-Würfel beiseite legen. Unter die restlichen gegarten Würfel Butter und Sahne mischen, alles 1 Minute einkochen und mit dem Stabmixer fein pürieren. Mit Zucker, Salz und Pfeffer abschmecken und warm halten.

■ Die rohe Rote-Bete-Hälfte in hauchdünne Scheiben hobeln und salzen. Das restliche Pflanzenöl in einem kleinen Topf auf 75 °C erhitzen und die Scheiben darin mit dem Thymian 10 – 12 Minuten confieren (s. S. 124).

■ Für die Creme den Meerrettich mit der Crème fraîche glatt rühren und mit Salz und Pfeffer abschmecken.

■ Die Walnüsse in einer Pfanne ohne Fett anrösten, herausnehmen, mit Salz würzen, leicht abkühlen lassen und im Mörser fein zerstoßen.

■ Das Fleisch aus dem Ofen nehmen und abgedeckt 4 Minuten ruhen lassen, dann in Tranchen aufschneiden.

■ Auf den Tellern mit der Meerrettichcreme mittig eine Linie ziehen, die Rinderfilettranchen leicht versetzt auflegen und mit einer Prise Fleur de Sel bestreuen. Rundherum Tupfer der Rote-Bete-Creme auf die Teller setzen und dazwischen die Rote-Bete-Würfel verteilen. Das Ganze mit den Rote-Bete-Scheiben garnieren und mit Walnüssen bestreut servieren.

Rosa gebratener Rehrücken
mit dreierlei Kartoffeln, cremigen Steinpilzen und Schinkenchip

ZUTATEN

 HAUPTSPEISE

 1 STUNDE

Für die Kartoffeln:
2 große mehligkochende Kartoffeln
200 ml Pflanzenöl
1 Prise Kümmelsamen
frisch geriebene Muskatnuss
1 EL Sahne
Salz
frisch gemahlener schwarzer Pfeffer
1 „neue" festkochende Kartoffel
1 blaue Kartoffel

Für das Fleisch:
280 g Rehrücken (ausgelöst)
1 ½ EL Butter
1 ½ EL Olivenöl
1 Zweig Thymian
Shisokresse zum Garnieren

Für den Chip:
1 Scheibe Serrano-Schinken

Für die Pilze:
100 g frische Steinpilze
1 EL Olivenöl
30 ml Weißwein
1 Zweig Thymian
1 TL Butter

Außerdem:
kleiner Kugelausstecher (s. Tipp)

PRAXISTIPP

Kugelausstecher sind in der Küche sehr praktisch, da man gerade bei filigraneren Arbeiten mit einem gewöhnlichen Ess- oder Teelöffel nicht immer ans Ziel gelangt. Das löffelartige Spezialmesser mit scharfem Rand und kurzem Griff gibt es im Handel ab ca. 3 Euro zu kaufen – seine Anschaffung lohnt sich.

■ Die mehligkochenden Kartoffeln schälen und in 4 x 4 cm große Würfel schneiden. Das Pflanzenöl in einem Topf mit je 1 Prise Kümmel und Muskat auf 75 °C erhitzen. Die Kartoffelwürfel darin 15–20 Minuten confieren (s. S. 124), dabei immer wieder die Temperatur regulieren.

■ In der Zwischenzeit den Backofen auf 120 °C Umluft vorheizen. Den Rehrücken parieren, das heißt von Sehnen und Silberhäuten befreien, und mit Salz und Pfeffer würzen. In einer Pfanne je 1 EL Butter und Olivenöl erhitzen und das Fleisch darin bei starker Hitze rundherum 1 Minute anbraten. Herausnehmen und auf dem Rost im heißen Ofen 12–15 Minuten fertig garen.

■ Die confierten Kartoffelwürfel aus dem heißen Fett nehmen – Fett aufbewahren –, auf Küchenpapier abtropfen lassen und mit einem Kugelausstecher aushöhlen. Das Kartoffelinnere in feine Würfel schneiden. Die Kartoffelwürfel in einer beschichteten Pfanne mit der Sahne einkochen. Das Kartoffeltatar mit Salz und Pfeffer abschmecken und beiseite stellen.

■ „Neue" und blaue Kartoffel gründlich waschen und trocknen. Von beiden Sorten die Schale jeweils in Streifen abschälen. Das restliche Pflanzenöl auf 130 °C erhitzen und die Schalenstreifen darin knusprig ausbacken. Herausheben, auf Küchenpapier abtropfen lassen und mit Salz leicht würzen.

■ Das Fleisch aus dem Ofen nehmen und mit Alufolie abgedeckt ruhen lassen. Die Backofentemperatur auf 160 °C erhöhen. Für den Chip die Serrano-Schinkenscheibe halbieren. Ein Backblech mit Backpapier auslegen, den Schinken darauf verteilen, einen weiteren Bogen Backpapier auflegen, das Ganze mit einem ofenfesten Topf beschweren und den Schinken im heißen Ofen 8 Minuten knusprig backen.

■ Währenddessen die Steinpilze mit einem kleinen scharfen Messer putzen, mit Küchenpapier trocken abreiben und in Würfel schneiden. Das Olivenöl in einer Pfanne erhitzen und die Steinpilzwürfel darin 1 Minute anbraten. Mit dem Weißwein ablöschen, den Thymian dazugeben und das Ganze mit Salz und Pfeffer würzen. Abschließend die Butter einrühren.

■ Eine beschichtete Pfanne erhitzen und die confierten Kartoffelwürfel darin bei mittlerer bis starker Hitze rundherum knusprig anbraten. Herausnehmen und mit dem cremigen Kartoffeltatar füllen.

■ Für das Fleisch je ½ EL Butter und Olivenöl aufschäumen und den Thymian dazugeben. Den Rehrücken in die Pfanne geben und mit dem Fett mehrmals begießen, dann herausnehmen und in Tranchen aufschneiden.

■ Die Kartoffelwürfel seitlich auf den Tellern platzieren und mit den Kartoffelchips garnieren. Die cremigen Steinpilze in die Tellermitte geben, einige Fleischtranchen anlegen und das Ganze mit einem knusprigen Schinkenchip und Shisokresse garniert servieren.

Glasierte Entenherzen
auf Kartoffelpüree mit Yuzu-Nashi-Perlen und Portweinschalotten

ZUTATEN

👥 ZWISCHENGANG
🕐 45 MINUTEN

Für das Püree:
2 große mehligkochende Kartoffeln
Salz
100 ml Milch
100 g Butter
frisch geriebene Muskatnuss

Für die Schalotten:
4 Schalotten
1 EL Olivenöl
100 ml Portwein
100 ml Geflügelfond
frisch gemahlener schwarzer Pfeffer

Für die Perlen:
1 Nashi (japan. Birne; s. S. 124)
1 EL Zucker
1 TL Yuzusaft (s. Tipp)
1 Msp. Bio-Limettenabrieb

Für das Fleisch:
6 Entenherzen (ersatzweise Herzen
   von anderem Geflügel)
1 EL Olivenöl
1 Zweig Thymian
20 ml weißer Portwein
20 ml trockener Sherry
Meersalz-Flakes (z. B. von Maldon)

Außerdem:
kleiner Kugelausstecher (s. Tipp S. 28)

PRAXISTIPP

Frische Yuzus (s. S. 125) sind bei uns kaum zu bekommen, ein Fläschchen Saft ist teuer. Einfacher ist es, ihn durch 1 Teil Mandarinensaft und 3 Teile Zitronensaft zu ersetzen. In süßen Speisen können Sie ihn auch durch „Yuja Cha" – einen japanischen Zitronen-Honig-Tee in Geleeform (auch aus dem Feinkosthandel, aber deutlich günstiger) – ersetzen.

„Entweder genial oder Lotto gespielt!"
(Tim Mälzer)

Die Kartoffeln schälen, vierteln und in kochendem Salzwasser 15–20 Minuten weich garen. In der Zwischenzeit die Schalotten schälen und in feine Streifen schneiden. Das Olivenöl in einem Topf erhitzen und die Schalotten darin bei mittlerer Hitze 4 Minuten glasig schwitzen. Mit dem Portwein ablöschen, den Geflügelfond angießen und die Flüssigkeit sirupartig einkochen.

Währenddessen für die Perlen die Nashi schälen. Aus dem Fruchtfleisch mit einem kleinen Kugelausstecher 20 Perlen ausstechen. Den Zucker in einem kleinen Topf bei mittlerer Hitze leicht karamellisieren. Die Nashi-Perlen hinzufügen, mit dem Yuzusaft ablöschen und 1 Minute einkochen. Den Topf vom Herd nehmen und das Ganze mit Limettenabrieb abschmecken. Beiseite stellen.

Die Kartoffeln abgießen und ausdampfen lassen. In einem Topf Milch und Butter erhitzen und die noch heißen Kartoffeln durch die Presse in den Topf drücken oder hinzugeben und mit dem Kartoffelstampfer zerdrücken. Die Masse gut mischen und mit Muskatnuss sowie Salz abschmecken. Warm halten.

Die fertigen Portweinschalotten mit Salz und Pfeffer abschmecken. Ebenfalls warm halten.

Für das Fleisch die Entenherzen von Fett und Sehnen befreien und mit Salz und Pfeffer würzen. Das Olivenöl in einer Pfanne erhitzen und die Herzen darin mit dem Thymian bei starker Hitze rundherum rasch anbraten. Das Fleisch aus der Pfanne nehmen. Den Bratensatz mit Portwein und Sherry ablöschen und die Flüssigkeit leicht einkochen. Mit Salz und Pfeffer abschmecken. Den Thymian herausnehmen, die Entenherzen zurück in die Pfanne geben und in der Sauce glasieren.

Zum Servieren auf jedem Teller mittig einen Klecks Kartoffelpüree ausstreichen, darauf in einer Reihe die Portweinschalotten verteilen, die Entenherzen obenauf setzen und mit einigen Meersalz-Flakes bestreuen. Die Yuzu-Nashi-Perlen rundherum verteilen.

Zitronen-Koriander-Hähnchen
mit Pak-Choi-Roulade, zweierlei Papaya und Shiitake

ZUTATEN

 HAUPTGERICHT
 1 STUNDE
 BESTER LÖFFEL

Für das Fleisch:
2 TL Koriandersamen
300 g Hähnchenbrustfilet (mit Haut)
Abrieb und Saft von 1 Bio-Limette
Salz
frisch gemahlener schwarzer Pfeffer
1 EL Rapsöl
Schnittlauchkresse zum Garnieren

Für den Pak-Choi:
2 Köpfe Pak-Choi (s. S. 124)
1 EL Rapsöl
einige Tropfen Bio-Limettensaft
einige Tropfen Erdnussöl

Für die Papaya:
1 kleine Papaya
1 TL Zucker
1 Msp. Bio-Limettenabrieb
1 Msp. Chiliflocken

Für die Pilze:
120 g Shiitake
1 TL Rapsöl

Für die Glasur:
2 EL ungesalzene Erdnüsse
1 EL Erdnussbutter
je 1 TL Sesamöl und Maiskeimöl

PRAXISTIPP

Gewürze, wie hier die Koriandersamen, sollten Sie nach Möglichkeit stets frisch rösten und anschließend mörsern. So werden die Aromen viel intensiver als bei der Verwendung bereits vorgemahlener Produkte. Und falls Sie auf den Geschmack kommen, lohnt sich die Anschaffung eines großen, schweren Steinmörsers allemal.

Für das Fleisch den Backofen auf 120 °C Umluft vorheizen. Die Koriandersamen in einer Pfanne ohne Fett rösten, bis sie zu duften beginnen. Die Samen im Mörser leicht abkühlen lassen, dann fein zerreiben (s. Tipp). Die Hähnchenbrust unter fließendem kaltem Wasser waschen und mit Küchenpapier trocken tupfen. Die Haut vorsichtig ablösen und das Fleisch mit ½ TL gemahlenem Koriander, Limettenabrieb, einigen Spritzern Limettensaft, Salz und Pfeffer würzen. In einer ofenfesten Pfanne das Rapsöl erhitzen und das Fleisch darin von jeder Seite 1 Minute anbraten. Das Fleisch in der Pfanne im heißen Ofen 15 Minuten fertig garen.

In der Zwischenzeit die Hähnchenhaut in einer beschichteten Pfanne glatt ausstreichen, mit Backpapier belegen, mit einem kleinen Topf beschweren und bei niedriger Hitze 20–30 Minuten langsam knusprig braten.

Den Pak-Choi verlesen, die Blätter trennen und die Stiele keilförmig herausschneiden. Die Stiele in kochendem Salzwasser 1 Minute blanchieren. Herausnehmen, sofort in Eiswasser abschrecken und abtropfen lassen. Die Blätter 5 Sekunden blanchieren und ebenfalls abschrecken. Die Stiele in sehr feine Streifen schneiden. Das Rapsöl in einem kleinen Topf erhitzen und die Stiele darin kurz anbraten. Mit Limettensaft und Erdnussöl sowie Salz und Pfeffer abschmecken. Für die Rouladen jeweils 1 Pak-Choi-Blatt auf der Arbeitsfläche ausbreiten, die Stiele mittig darauf verteilen und die Blätter zu Rouladen aufrollen. Warm halten.

Die Papaya schälen, längs halbieren und entkernen. ½ Papaya in kleine Würfel schneiden. Den Zucker in einer beschichteten Pfanne bei mittlerer Hitze leicht karamellisieren, die Papayawürfel darin kurz schwenken und mit Limettenabrieb, Chiliflocken, Salz und Pfeffer würzen. Das Ganze bei niedriger Hitze 5 Minuten schmoren. Die restliche Papaya in einem hohen Rührgefäß mit dem Stabmixer pürieren. Beiseite stellen.

Die Shiitake putzen, längs halbieren und in einer Pfanne ohne Fett mit der Schnittfläche nach unten bei mittlerer Hitze braten. Nach 2 Minuten das Rapsöl hinzufügen, die Pilze wenden und mit 1 Msp. vom übrigen gemahlenem Koriander, Salz und Pfeffer würzen. Weitere 2 Minuten braten. Beiseite stellen.

Für die Glasur die Erdnüsse in einer heißen Pfanne ohne Fett rösten, bis sie duften. Die Nüsse im Möser leicht abkühlen lassen und fein zerstoßen. Die Erdnussbutter mit Sesam- und Maiskeimöl glattrühren, die Erdnüsse unterheben und das Ganze mit Salz und Pfeffer würzen.

Die Hähnchenbrust aus dem Ofen nehmen und 2–3 Minuten ruhen lassen, dann in Tranchen aufschneiden. Den Hähnchenhautchip auf Küchenpapier abtropfen lassen und in Stücke brechen.

Auf den Tellern mittig je einen dünnen Spiegel Papayacreme ausstreichen, darauf die Papayawürfel platzieren. Einige Hähnchentranchen anlegen und mit der Erdnussglasur bestreichen. Die Pak-Choi-Rouladen danebensetzen, die Shiitake rundherum verteilen und das Ganze mit etwas Schnittlauchkresse garniert servieren.

Meine Interpretation von Egg Benedict

ZUTATEN

 VORSPEISE

🕐 1 STUNDE

✴ ✴ 2 GOLDENE STERNE

Für die Ringe:
2 sehr frische Eigelb
2 Eiweiß
2–3 EL Mehl
100 ml Milch
Salz
1 Blatt Strudel- oder Filoteig (s. Tipp S. 40)
1 EL flüssige Butter

Für den Spinat:
200 g Sahne
100 g Babyspinat
1 Prise gemahlener Kümmel
frisch geriebener Muskatnuss
frisch gemahlener schwarzer Pfeffer

Außerdem:
2 runde Metall-Ausstecher (Ø 6 cm)
2 runde Metall-Ausstecher (Ø 5 cm)

PRAXISTIPP

In der Sendung habe ich für die Löffel Wachteleier benutzt. Als Tellergericht empfehle ich allerdings Hühnereier. Wichtig: Da bei der Verarbeitung roher Eier grundsätzlich Salmonellengefahr besteht, müssen die Eier wirklich sehr frisch sein und dürfen nur zu diesem Zweck eingefroren werden. Über einen längeren Zeitraum tiefgekühlte Eier sind hier nicht mehr geeignet!

„Wer das gemacht hat, wusste mit seinen 60 Minuten umzugehen." (Lea Linster)

Für die Ringe die Eigelbe mit Abstand zueinander auf einen Teller oder ein kleines Backblech legen und im Tiefkühlfach 20–30 Minuten einfrieren. In der Zwischenzeit die Eiweiße verquirlen, das Mehl einsieben, untermischen und mit so viel Milch verrühren, bis ein dünnflüssiger Teig entsteht. Leicht mit Salz würzen. Den Palatschinkenteig beiseite stellen und ruhen lassen.

In der Zwischenzeit den Backofen auf 180 °C Umluft vorheizen. Aus dem Strudel- oder Filoteigblatt 2 Streifen (1 cm breit) herausschneiden – den Rest anderweitig verwenden. Die Teigstreifen mit der Butter bestreichen und um die größeren Metallringe wickeln (s. Tipp S. 88). Den Schinken in ebenfalls 1 cm breite Streifen schneiden und die kleineren Ringe damit umwickeln. Teig- und Schinkenröllchen im heißen Ofen 4–5 Minuten backen. Herausnehmen, leicht abkühlen lassen, dann die Teig- und Schinkenringe von den Formen abziehen.

Für den Spinat die Sahne in einem kleinen Topf aufkochen und bei mittlerer Hitze auf ein Viertel der Menge einkochen. Währenddessen 2 Fingerbreit leicht gesalzenes Wasser in einer Pfanne aufkochen und den Babyspinat darin 30 Sekunden zusammenfallen lassen. Herausnehmen, sofort in Eiswasser abschrecken, abtropfen lassen, auspressen und klein schneiden. Den Spinat mit der reduzierten Sahne im Standmixer oder mit dem Stabmixer cremig pürieren und mit Kümmel, Muskatnuss, Salz und Pfeffer abschmecken. Warm halten.

Den Palatschinkenteig noch einmal durchrühren. Eine beschichtete Pfanne mit flüssiger Butter ausstreichen, erhitzen und jeweils 1 Kelle Teig darin bei mittlerer Hitze von jeder Seite etwa 30 Sekunden zu hauchdünnen Pfannkuchen ausbacken. Die Pfannkuchen auf einen Teller gleiten und abkühlen lassen. Anschließend die Palatschinken ebenfalls in 1 cm breite Streifen schneiden. Die Pfannkuchenstreifen um die Speckringe wickeln und in die gebackenen Teigringe einsetzen.

Die gefrorenen Eigelbe aus dem Tiefkühlfach nehmen, antauen lassen (das geht ganz schnell) und mit dem Schneebesen verquirlen.

Zum Servieren den Cremespinat mittig auf den Tellern verteilen, einen dreifachen Knusperring aufsetzen und die verquirlten Dotter in die Ringe hineingießen. Die übrigen Palatschinken separat dazureichen.

Knuspercannelloni
mit Schokoganache, Passionsfruchtvinaigrette und Karamellcreme

ZUTATEN

 DESSERT

🕐 1 STUNDE

★ ★ ★ ★ 4 GOLDENE STERNE – REKORD

Für die Cannelloni:
2 Blätter Strudelteig (s. Tipp S. 40)
20 g flüssige Butter
Puderzucker zum Bestreuen

Für den Deckel:
50 g ungesalzene Erdnüsse
1 EL Panko, (asiat. Paniermehl; s. S. 125)
50 g Bitterschokolade (72 %)
1 EL weiche Butter
1 EL Zucker
Salz

Für die Ganache:
100 g Bitterschokolade (72 %)
½ EL Rum (z. B. Zacapa)
1 TL Bio-Orangenabrieb
100 g Sahne

Für die Creme:
50 g Butter
2 EL Puderzucker
50 g Sahne
1 Msp. Meersalz-Flakes
(z. B. von Maldon)

Für die Vinaigrette:
2 Passionsfrüchte
1 TL Zucker
1 TL Orangenlikör (z. B. Grand Marnier)
1 TL Gin
1 EL Bio-Orangensaft

Außerdem:
6 Metall-Ausstecher (Ø 4 cm)
1 Metall-Ausstecher (Ø 3,5 cm)
2 Spritzbeutel mit Lochtülle (s. Tipp S. 93)

PRAXISTIPP

Stellen Sie vor dem Flambieren sicher, dass keine brennbaren Gegenstände in der Nähe liegen und ausreichend Platz vorhanden ist. Es ist ratsam, zum Anzünden lange Streichhölzer zu verwenden. Sie können den Alkohol auch vor der Zugabe in einer Kelle anzünden und dann über die Speise gießen.

„Das war der beste Löffel, den ich hier je gegessen habe!" (Tim Mälzer)

- Den Backofen auf 180 °C Umluft vorheizen. Den Strudelteig längs in 6 Streifen à 4 cm Breite schneiden. Mit flüssiger Butter bepinseln, mit Puderzucker bestreuen und um die größeren Ausstecher wickeln (s. Tipp S. 88). Die Röllchen mit den Ausstechern auf ein Backblech setzen und im heißen Ofen 4 Minuten knusprig backen. Herausnehmen, leicht abkühlen lassen und von den Ringen streifen.

- Für den Deckel die Erdnüsse hacken und in einer Pfanne ohne Fett bei mittlerer Hitze rösten. In einer Schüssel abkühlen lassen. Panko ebenfalls trocken rösten. Abkühlen lassen. Die Schokolade grob hacken und über einem heißen Wasserbad (s. Tipp S. 38) schmelzen. Butter, Zucker und 1 Prise Salz einrühren, Panko und Erdnüsse untermischen.

- Die Schokoladenmasse im Blitzhacker oder mit dem Stabmixer fein pürieren. Die Creme auf einen Bogen Backpapier ausstreichen, mit einem zweiten Bogen bedecken und mit dem Nudelholz 5 mm dünn ausrollen. Im Kühlschrank mindestens 15 Minuten auskühlen lassen.

- Für die Ganache (s. S. 124) die Schokolade grob hacken und über dem Wasserbad schmelzen. Rum und Orangenabrieb unterrühren und vom Herd nehmen. Die Sahne halbsteif schlagen und unter die flüssige Schokolade heben. Die Masse in einen Spritzbeutel füllen und ebenfalls 15 Minuten kalt stellen.

- In dieser Zeit für die Creme Butter und Zucker erhitzen. Sobald die Butter schäumt, die Sahne angießen und die Masse bei niedriger Hitze unter ständigem Rühren mit dem Schneebesen hellbraun und cremig einköcheln. Mit 1 Prise Meersalz-Flakes abschmecken, in einen Spritzbeutel füllen und im Kühlschrank kalt stellen.

- Für die Vinaigrette die Passionsfrüchte halbieren und das Mark herauskratzen. Den Zucker in einem Topf bei mittlerer Hitze leicht karamellisieren. Mit Orangenlikör und Gin ablöschen und flambieren (s. Tipp links). Wenn die Flamme erloschen ist, den Orangensaft hinzufügen. Die Flüssigkeit auf ein Drittel der Menge einkochen, das Passionsfruchtmark hinzufügen und alles nochmals aufkochen. Beiseite stellen.

- Den Schokoboden aus dem Kühlschrank nehmen und mit dem kleinen Ausstecher 6 runde Deckel ausstechen.

- Auf jedem Teller drei Spiegel aus Passionsfruchtvinaigrette verteilen, darauf je ein Cannelloniröllchen setzen, dieses zwei Drittel hoch mit Schokoladenganache füllen und einen Schokodeckel auflegen. Einen Tropfen Karamellcreme auf die Deckel geben und das Ganze mit je einem Meersalz-Flake garniert servieren.

Orangen-Bitterschokoladen-Ganache

mit Zweierlei von der Himbeere und knusprigen Florentinern

ZUTATEN

 DESSERT

🕐 1 STUNDE + 1 STUNDE KÜHLZEIT

Für die Ganache:
1 Blatt Gelatine
200 g Bitterschokolade (72 %)
150 g Sahne, halbsteif geschlagen
1 TL Rum
1 Msp. Bio-Orangenabrieb
1 TL Bio-Orangensaft
50 g weiße Schokolade

Für das Zweierlei:
200 g Himbeeren
Saft von ½ Bio-Orange
100 g Zucker
5 g Agar-Agar (s. Tipp S. 22)
½ TL fein gehackte Chilischote

Für die Florentiner:
50 g Mandelblättchen
50 g weiche Butter
50 g Zucker
20 g Panko (asiat. Paniermehl; s. S. 125)
1 Prise Salz

Außerdem:
2 Spritzbeutel (s. Tipp S. 93)

PRAXISTIPP

Um zu vermeiden, dass Schokolade oder Kuvertüre beim Schmelzen anbrennt und gerinnt, sollten Sie über einem heißen Wasserbad arbeiten. Dazu füllen Sie die zu verarbeitende gehackte Grundmasse in eine Metallschüssel, hängen Sie über einen mit heißem Wasser gefüllten Topf. Der entweichende Dampf erhitzt die Schüssel und ihren Inhalt und schmilzt in unserem Fall ganz sanft die Schokolade.

Für die Ganache (s. S. 124) die Gelatine in kaltem Wasser einweichen. Die Bitterschokolade grob hacken und über einem heißen Wasserbad (s. Tipp) schmelzen. Die gut ausgedrückte Gelatine in einem Topf schmelzen und unter die Schokolade rühren. 100 g Sahne unterheben, mit Rum, Orangenabrieb und -saft aromatisieren. Eine kleine flache Schüssel mit Frischhaltefolie auskleiden, die Masse 3 – 4 cm hoch einfüllen, glatt streichen und im Kühlschrank mindestens 1 Stunde kalt stellen. Die weiße Schokolade ebenso schmelzen, mit der restlichen Sahne verrühren, in einen Spritzbeutel füllen und auch kalt stellen.

Für das Zweierlei 12 schöne Himbeeren aussuchen und auf der Unterseite leicht begradigen. Die restlichen Himbeeren in einem kleinen Topf erhitzen, mit Orangensaft und 1 Prise Zucker abschmecken. Agar-Agar einrühren, alles einmal aufkochen, im Standmixer oder mit dem Stabmixer pürieren und durch ein feinmaschiges Sieb streichen. Die Himbeermasse zum Gelieren im Kühlschrank mindestens 20 Minuten kalt stellen.

In der Zwischenzeit den restlichen Zucker mit 100 ml Wasser und der gehackten Chilischote erhitzen und sirupartig einkochen. Den Chili-Läuterzucker (s. Tipp S. 81) durch ein feinmaschiges Sieb gießen und beiseite stellen.

Für die Florentiner den Backofen auf 180 °C Umluft vorheizen. Die Mandelblättchen in einer Pfanne ohne Fett bei mittlerer Hitze anrösten. Butter, Zucker, Panko und 1 Prise Salz mit in die Pfanne geben und alles sorgfältig verrühren. Die Masse auf einer Backmatte oder einem Bogen Backpapier dünn ausstreichen und im heißen Ofen 6 Minuten goldbraun backen. Herausnehmen und auf dem Blech auskühlen lassen.

Das fest gewordene Himbeergel noch einmal durchmixen und in einen Spritzbeutel füllen. Die ganzen Himbeeren mit dem Chili-Läuterzucker bepinseln und mit dem Himbeergel füllen. Den Florentiner in grobe Stücke brechen. Die dunkle Ganache mit der Folie aus der Schüssel heben und in Würfel schneiden.

Zum Servieren je drei dunkle Ganachewürfel auf die Teller setzen, mit einigen Tupfen weißer Ganache dekorieren, einige Florentinerstücke an die Würfel anlegen und daneben jeweils sechs gefüllte Himbeeren in gerader Reihe platzieren.

Knuspriger Birnenstrudel
mit weißer Schokoladenganache und Orangen-Sternanis-Ragout

ZUTATEN

 DESSERT

🕐 1 STUNDE

Für den Strudel:
1 Blatt Strudelteig (s. Tipp)
2 Birnen
1 EL Zucker
20 ml Calvados
20 ml Rum
50 ml Birnensaft

Für den Knusperboden:
50 g Mandelblättchen
50 g Mehl
50 g Zucker
50 g weiche Butter
1 Eiweiß
Abrieb von 1 Bio-Limette
1 Prise Salz

Für die Ganache:
100 g weiße Schokolade
100 g Sahne, steif geschlagen

Für das Ragout:
1 EL Zucker
1 Msp. Vanillemark
1 Orange
2 Sternanis
20 g Butter
Puderzucker zum Bestäuben

Außerdem:
2 runde Metall-Ausstecher bzw. Anrichteringe (Ø 6–8 cm)
Spritzbeutel (s. Tipp S. 93)

PRAXISTIPP

Fertig vorbereiteten Strudelteig bekommen Sie in jedem gut sortierten Supermarkt. Sie können ihn auch durch Filo- bzw. Yufkateig-Blätter oder Brickteig-Blätter ersetzen. Die jeweilige Backzeit richtet sich nach der entsprechenden Packungsanweisung.

„Am Schluss kommt der Sternanis ganz fein und elegant dazu." (Christian Lohse - Gastjuror)

Für den Strudel den Backofen auf 180 °C Umluft vorheizen. Die Teigblätter in 2,5 cm breite Streifen schneiden, mit der Butter bestreichen und um die Vorspeisenringe wickeln (s. Tipp S. 88).

Für den Knusperboden Mandelblättchen, Mehl, Zucker, Butter, Eiweiß, Limettenabrieb sowie Salz vermengen und auf einer Backmatte oder auf Backpapier dünn ausstreichen. Den Knusperboden mit den Strudelringen im heißen Ofen 4–5 Minuten backen. Herausnehmen, leicht abkühlen lassen, dann die Teigringe von den Ausstechern abziehen und mit den Metallringen aus dem Knusperboden Kreise ausstechen.

Für den Strudel die Birnen schälen, vierteln, entkernen und in kleine Würfel schneiden. Die Birnenwürfel mit dem Zucker in einer beschichteten Pfanne erhitzen und den Zucker bei mittlerer bis starker Hitze karamellisieren. Mit Calvados und Rum ablöschen und die Flüssigkeit fast vollständig einkochen. Den Birnensaft angießen und ebenfalls vollständig verkochen lassen. Beiseite stellen.

Für die Ganache (s. S. 124) die Schokolade hacken und in einer Metallschüssel über einem heißen Wasserbad (s. Tipp S. 38) schmelzen. Die Schüssel herausnehmen, Schokolade leicht abkühlen lassen und die Sahne unterheben. Die Masse in einen Spritzbeutel füllen und im Kühlschrank kalt stellen.

Für das Ragout Zucker, Vanillemark sowie 100 ml Wasser aufkochen und bei mittlerer Hitze zu Läuterzucker sirupartig einkochen. In dieser Zeit 1 Msp. Orangenschale fein abreiben, die Orange mitsamt der weißen Haut schälen, die Filets zwischen den Häutchen herausschneiden und im Läuterzuckersud ziehen lassen.

Den Sternanis in einer Pfanne ohne Fett rösten, bis er zu duften beginnt. In einen Mörser umfüllen, abkühlen lassen und fein zermahlen. 1 Prise davon mit etwas Orangenabrieb unter das Ragout heben.

Jeweils einen Strudelteigring mittig auf die Teller legen, mit den geschmorten Birnen füllen und mit einer Prise Sternanis bestäuben. An einer Seite einen Tupfer Ganache aufspritzen, einen Knusperbodenchip hineinstecken und das Ganze rundherum mit Orangen-Sternanis-Ragout garniert servieren.

Natürlich - ich bin gelernter Koch. Allerdings ist das Kochen für mich nicht nur ein Job, sondern ganz elementarer Bestandteil meines Lebens. Ich liebe es, mit meinen Gerichten Menschen zu überraschen und zu erfreuen, ihnen ein Lächeln und Erstaunen ins Gesicht zu zaubern.

Der Umgang mit den erstaunlichsten Lebensmitteln, der Bezug zu Produkten und deren Vielfalt faszinieren mich jeden Tag aufs Neue, wecken immer wieder meine Neugierde und bleiben mein innerer Motor.

„Für mich ist Kochen Liebe, Leben und Leidenschaft."

Jan Aigner

Das bin ich

Auch privat dreht sich in meiner Welt ganz Vieles ums Kochen. Ich liebe es, in Kochbüchern und -zeitschriften zu schmökern. Neuesten Trends bin ich gerne über Online-Plattformen und das Internet auf der Spur.

Klar, der Austausch mit Kollegen und Gastronomen gehört ebenfalls dazu. Die besten und kritischsten Testesser sind und bleiben natürlich meine Freunde und Familie, deren Urteil mir extrem wichtig ist.

„Es ist besser zu genießen und zu bereuen, als zu bereuen, dass man nicht genossen hat."

(Giovanni Boccaccio)

Wassermelone
mit Büffelmozzarella und Kresse

ZUTATEN

 VORSPEISE

 1 STUNDE (INCL. KÜHLZEIT)

350 g Wassermelone (kernarm)
Saft von 1 Orange
Saft von 1 Limette
1 TL Koriandersamen
1 TL fein gehacktes Zitronengras (der weiße Teil)
1 Prise Zucker
Salz
frisch gemahlener schwarzer Pfeffer
1 EL Pinienkerne
3 EL Olivenöl
1 Büffelmozzarella
1 kleine Handvoll Basilikumkresse

Außerdem:
2 Holzspieße

PRAXISTIPP

Probieren Sie dieses Rezept anstelle von Büffelmozzarella einmal mit Burrata, einem Kuhmilch-Mozzarella mit sahnigem Kern, der dem Ganzen einen besonderen Schmelz gibt. Er lässt sich allerdings nur schlecht auf Spieße ziehen, darum servieren Sie das Gericht besser in tiefen Tellern.

„Der perfekte Einstieg in einen heißen Sommerabend! Ein schönes Glas Weißwein dazu - was will man mehr?"

Die Wassermelone schälen, nach Bedarf das Fruchtfleisch von Kernen befreien und in Stücke schneiden. Die Melonenwürfel mit dem Orangen- und Limettensaft in einen Standmixer geben.

Die Koriandersamen in einer beschichteten Pfanne ohne Fett beim mittlerer Hitze rösten, bis sie zu duften beginnen. Das Zitronengras dazugeben und mitrösten. Koriander und Zitronengras in einen Mörser umfüllen, leicht abkühlen lassen und fein zerstoßen.

Den Koriander-Zitronengras-Mix mit in den Mixer geben und das Ganze 1 Minute fein mixen. Die Masse durch ein feinmaschiges Sieb streichen, mit Zucker, Salz und Pfeffer abschmecken und im Kühlschrank 30 Minuten kalt stellen.

In der Zwischenzeit die Pinienkerne in einer Pfanne mit 1 EL Olivenöl bei mittlerer Hitze goldbraun rösten. Herausnehmen und abkühlen lassen. 1 EL Basilikumkresse zum Garnieren beiseite legen, den Rest samt Pinienkernen und restlichem Olivenöl mit dem Stabmixer zur feinem Pesto mixen. Das Pesto mit Salz und Pfeffer abschmecken. Den Büffelmozzarella in mundgerechte Stücke schneiden.

Die kalte Melonensuppe auf Gläser verteilen. Die restliche Kresse vorsichtig auflegen. Die Mozzarellawürfel auf die Spieße ziehen, die Spieße über die Gläser legen und das Ganze mit dem Pesto beträufelt servieren.

Mariniertes Schweinefilet
mit Gurkensalat

ZUTATEN

  HAUPTGERICHT
🕐 45 MINUTEN
    + 1 STUNDE MARINIERZEIT

Für das Fleisch:
350 g Schweinefilet
Salz
frisch gemahlener schwarzer Pfeffer
2 EL Olivenöl
1 Kästchen Kressemix

Für die Marinade:
3 EL Olivenöl
1 EL Sojasauce
1 EL Reisessig
1 TL Honig
1 TL geräuchertes Paprikapulver
1 Msp. gemahlener Kümmel
1 Msp. fein gehackter Knoblauch
1 Msp. fein gehackte Chilischote

Für den Salat:
1 Gurke
1 EL Reisessig
1 EL Olivenöl
Abrieb und Saft von 1 Limette
1 TL Zucker
½ TL Salz
8 frische Minzeblätter

Außerdem:
1 Vakuumbeutel
Vakuumierer (alternativ Zip-Frischhaltebeutel)

PRAXISTIPP

Schweinefleisch ist sehr fettarm. Noch schonender garen Sie es mit dem Airfryer Via/Airfryer XL/Airfryer Via Digital vom Philips. Dazu das Fleisch mit 1 EL der Marinade einreiben. Den Airfryer auf 200 °C erhitzen und das Filet im Korb etwa 8 Minuten zart garen.

PHILIPS

Airfryer XL
HD 9240

> **„Das würzige Schweinefilet und die frische Minze im Gurkensalat harmonieren extrem gut miteinander!"**

- Das Schweinefilet parieren, das heißt von Fett und Sehnen befreien. Das Fleisch mit Salz und Pfeffer würzen.

- Sämtliche Zutaten für die Marinade miteinander verrühren und mit Salz und Pfeffer würzen. Je 1 EL Marinade in ein kleines Dip-Schälchen geben und beiseite stellen. Das Schweinefilet mit der restlichen Marinade einreiben und mit Frischhaltefolie abgedeckt im Kühlschrank mindestens 1 Stunde ziehen lassen.

- Für den Salat die Gurke der Länge nach halbieren und entkernen, dann jede Hälfte längs in Streifen schneiden. Reisessig, Olivenöl, Limettenabrieb und -saft, Zucker und Salz zu einer Marinade verrühren. Die Gurkenstücke in einen Vakuumbeutel legen und mit der Marinade begießen. Zum Schluss die frischen Minzeblätter hinzufügen und den Beutel sorgfältig verschließen.

- In einem großen Topf ausreichend Wasser aufkochen und die Gurke im Beutel im heißen Wasser etwa 2 Minuten garen. Den Topf vom Herd nehmen und die Gurken im Beutel bei Raumtemperatur auskühlen lassen.

- In der Zwischenzeit den Backofen auf 120 °C Umluft vorheizen. Das Schweinefilet aus der Marinade nehmen und mit Küchenpapier trocken tupfen. 1 EL Olivenöl in einer Pfanne erhitzen und das Fleisch darin bei starker Hitze von jeder Seite 30 Sekunden scharf anbraten. Das Schweinefilet herausnehmen und im heißen Ofen auf dem Rost 12 – 15 Minuten fertig garen.

- Das Schweinefilet aus dem Ofen heben, kurz ruhen lassen, dann in Tranchen aufschneiden. Die Gurken aus dem Beutel nehmen und noch einmal durchheben. Den Kressemix mit dem restlichen Olivenöl mischen und mit 1 Prise Salz abschmecken.

- Die Schweinefilettranchen in einer Linie leicht überlappend auf den Tellern anrichten. Den Kressemix auflegen. Die marinierten Gurkenstücke in einem Streifen neben dem Fleisch verteilen und das Ganze mit Minzeblättchen garniert servieren. Die restliche Marinade in den Dip-Schälchen separat dazureichen.

Birnenmousse im Baumkuchenmantel
mit Holundersauce

ZUTATEN

👥👥👤 DESSERT
🕐 1 ½ STUNDEN
+ 3 STUNDEN KÜHLZEIT

Für den Baumkuchen:
2 Eier
Salz
100 g Butter
60 g Zucker
30 g Puderzucker
1 Msp. Bio-Zitronenabrieb
Mark von 1 Vanilleschote
60 g Mehl
10 ml Rum
getrocknete Birnenchips zum Garnieren
   (nach Belieben)

Für die Birnenmousse:
2 Blatt Gelatine
175 g Birnen
60 g Zucker
50 ml Weißwein
Saft von ½ Zitrone
1 Eigelb
1 TL Calvados
100 g Sahne

Für die Sauce:
100 ml Holundersaft
50 ml naturtrüber Apfelsaft
Saft von ½ Zitrone
20 g Zucker
20 ml Crème de Cassis

Außerdem:
kleine Terrine

PRAXISTIPP

Um zu vermeiden, dass sich beim Einfüllen der Mousse in die Terrine Blasen bilden, klopfen Sie die gefüllte Form 2– bis 3-mal aus etwa 10 cm Höhe auf die Arbeitsfläche (als ob Sie die Form fallen lassen würden).

„Ich liebe Baum-
kuchen!
Dabei darf er gerne
auch einmal herz-
haft mit Kartof-
felteig gebacken
sein. Der zeitliche
Aufwand ist zwar
etwas höher, aber
ich verspreche, er
lohnt sich!"

Für den Baumkuchen den Backofen auf 180 °C Umluft vorheizen. Die Eier trennen. Die Eiweiße mit 1 Prise Salz steif schlagen. Die Eigelbe mit Butter und Zucker schaumig rühren. Mit Puderzucker, Zitronenabrieb, Vanille-mark, Mehl und Rum zu einer glatten Masse verrühren. Den Eischnee behutsam unterheben.

Ein Backblech mit Backpapier auslegen und auf einer Fläche von 20 x 30 cm (je nach Größe der Terrine) eine 2 mm dünne Teigschicht auftragen. Den Teig im heißen Ofen 2–3 Minuten goldbraun backen. Die nächste Schicht auftragen und wiederum goldbraun backen. Diesen Vorgang wiederholen, bis die gesamte Masse verbraucht ist. Auskühlen lassen.

Eine kleine Terrine lauwarm ausspülen und mit Frischhaltefolie auskleiden. Den Baumkuchen quer in 3–4 mm dünne Streifen schneiden und die Terrine auf dem Boden und an den Seiten mit den Streifen auslegen.

Für die Mousse die Gelatine in kaltem Wasser einweichen. Die Birnen schälen und ohne Kerngehäuse in Wür-fel schneiden. Zucker, Weißwein und Zitronensaft mit den Birnenwürfeln bei mittlerer Hitze einkochen, bis die Flüssigkeit fast vollständig verkocht und das Birnenfleisch weich ist. Die Masse mit dem Stabmixer pürieren und durch ein feinmaschiges Sieb streichen.

Ausgedrückte Gelatine, Eigelb und Calvados unter die Birnenmasse rühren. Das Ganze über einem heißen Wasserbad (s. Tipp S. 38) aufschlagen, bis sich die Gelatine vollständig aufgelöst hat. Das Mus 15 Minuten ab-kühlen lassen. In dieser Zeit die Sahne steif schlagen. Die Sahne unter die Birnenmasse heben und die Mousse vorsichtig in die Terrine füllen (s. Tipp links). Obenauf mit einer Baumkuchenschicht abschließen und die Mousse im Kühlschrank 3 Stunden fest werden lassen.

Für die Sauce Holunder-, Apfel- und Zitronensaft sowie den Zucker bei mittlerer Hitze auf die Hälfte der Menge einkochen. Mit Crème de Cassis abschmecken. Abkühlen lassen.

Die Terrine mit der Folie vorsichtig aus der Form heben, auswickeln und in Scheiben aufschneiden Auf jedem Tel-ler mittig einen Löffel Holundersauce ausstreichen. Darauf leicht überlappend je zwei Scheiben Birnenmousse im Baumkuchenmantel auflegen und das Ganze nach Belieben mit Birnenchips garniert servieren. Die restliche Sauce separat dazureichen.

OLE

JAN

Die
besten
Rezepte
der Show

THE TASTE

THE TASTE reloaded –
die Messer wurden zum zweiten Mal gewetzt!

Auch in der zweiten Staffel der größten und erfolgreichen Koch-Show mussten Profis und Hobbyköche in jeweils drei Prüfungen pro Folge unter Beweis stellen, was in ihnen steckt. Anstelle von Lorbeeren kämpften die Kandidaten mit und ohne ihre Coaches Alexander Herrmann, Lea Linster, Tim Mälzer und Frank Rosin zu jeweils wechselnden Themen um den **besten Löffel** für das gesamte Team und um **goldene Sterne** für sich selbst.

Beim **Teamkochen** konnten die Kandidaten mit der Unterstützung ihres jeweiligen Coachs rechnen. Hier wurde gemeinsam beraten, skizziert, getestet, gekocht und gekostet. Der Coach wählte anschließend den besten Löffel seines Teams aus, um damit den Gastjuror – einen von Woche zu Woche wechselnden, mit mehreren Michelin-Sternen dekorierten Spitzenkoch – zu überzeugen und für sein Team den Sieg nach Hause zu tragen. Denn der Kandidat, dessen Löffel den Teamsieg errungen hatte, schaffte es automatisch in die nächste Runde.

Zudem kam der Gastjuror als Coach ins Team des Löffel-Siegers und unterstützte die Teammitglieder beim folgenden **Solokochen**. Hier waren die Kandidaten ganz auf sich gestellt – ein Weiterkommen hing jetzt von der Bewertung durch die Coaches ab. Wer in dieser Challenge versagte und anstelle eines begehrten goldenen Sterns für das beste Gericht einen roten Stern für den schlechtesten Löffel erntete, wurde direkt ins Entscheidungskochen geschickt.

Wer schließlich im **Entscheidungskochen** keinen der Coaches für sich und seinen Löffel begeistern konnte, musste seine Sachen packen und schied aus dem Kampf um den Siegertitel aus.

Nachfolgend haben wir für Sie die besten Rezepte der Sendung zusammengestellt. Viel Spaß beim Blättern, Schmökern und Nachkochen!

„THE TASTE ist ein Persönlichkeitscrashkurs im Bereich Küche

ALEXANDER HERRMAN

Die 2. Staffel von THE TASTE ist der Wahnsinn! Das Niveau aller Kandidaten war so hoch, dass es nur noch um Nuancen ging. Beim Casting habe ich sehr verhalten und wohlüberlegt für eine Handvoll Kandidaten gedrückt – diese vier haben mich zu ihrem Coach gewählt.

Und siehe da – mein „Wählerischsein" und die Entscheidung meiner Kandidaten für mich waren goldrichtig. Immer habe ich versucht, ihre Stärken zu fördern. Die Belohnung für uns war, dass alle enorme Entwicklungssprünge hingelegt haben, wir gleichzeitig aber bis zuletzt ein Team geblieben sind.

Rosina, du hast dich in alles so sehr hineingearbeitet, mein großes Kompliment! Was du an kochtechnischer Erfahrung und Wissen mit nach Hause nehmen kannst, ist unglaublich!

Nina, auch du hast dich großartig entwickelt. Du hast deine Stärken und Schwächen kennengelernt. Lass einfach manchmal Dinge zu, bleib neugierig, euphorisch und so, wie du bist.

Johannes, du hast über die letzten Wochen gelernt, wo du mit deinem Handwerk gemessen am Geschmack am besten ansetzt. Nun weißt du, warum du die Dinge so tust, wie du sie machst. Das ist hochelegant und vor allem nachhaltig.

Jan, du hast zum richtigen Zeitpunkt die Kurve bekommen und ab da ganz genau gewusst, was zu einem Siegergericht dazugehört. Nochmals meinen Glückwunsch! Verfolge nun deine eigenen Ziele, ich bin gespannt, was wir als Nächstes von dir hören.

Euer

Sashimi von der Makrele
mit Wasabigurken, Avocadocreme und Nashibirne

ZUTATEN

 VORSPEISE

 30 MINUTEN

 1 GOLDENER STERN

Für den Fisch:
200 g Gelbschwanzmakrelenfilet
   (Sushi-Qualität; s. Tipp)
1 TL Bio-Zitronenabrieb
1 TL Bio-Limettenabrieb
1 EL mildes Olivenöl
1 EL Pflanzenöl
Salz
frisch gemahlener schwarzer Pfeffer

Für die Gurke:
¾ Gurke
1 EL frisch geriebene Wasabiwurzel
1 EL Olivenöl

Für die Creme:
1 Avocado
½ Knoblauchzehe
2 EL Olivenöl
1 Msp. Bio-Zitronenabrieb
Saft von ½ Zitrone
Salz
frisch gemahlener schwarzer Pfeffer

Für die Birne:
1 Nashi (japan. Birne; s. S. 124)

Außerdem:
Spritzbeutel (s. Tipp S. 93)
runder Ausstecher (Ø 3 cm)

PRAXISTIPP

Die Gelbschwanzmakrele gehört zu den Edelfischen. Ihr weißes bis rosarotes Fleisch ist zart, leicht süßlich, mineralisch-geschmackvoll und von fester Struktur mit breiten Fasern. Sollte es nicht angeboten werden, ersetzen Sie es durch ein anderes festfleischiges Weißfischfilet in Sushi-Qualität.

„Die Cremigkeit der Avocado schmeichelt der Makrele!" (Alexander Herrmann)

- Das Makrelenfilet waschen, trocken tupfen und in 5 mm dicke Scheiben schneiden. Zitronen- und Limettenabrieb mit Oliven- und Pflanzenöl verrühren und mit Salz und Pfeffer würzen. Die Fischscheiben in einer flachen Schüssel mit der Marinade mischen. Abgedeckt im Kühlschrank kalt stellen.

- In der Zwischenzeit eine halbe Gurke schälen, vom Fruchtfleisch mit dem Sparschäler hauchdünne schmale Streifen herunterschneiden und in kochendem Salzwasser 10–15 Sekunden blanchieren. Herausnehmen, sofort in Eiswasser abschrecken und auf Küchenpapier abtropfen lassen.

- Die restliche Gurke ebenfalls schälen, der Länge nach halbieren, entkernen und das Fruchtfleisch in 5 mm große Würfel schneiden. Gurkenstreifen und -würfel in einer Schüssel mit Wasabi, Olivenöl und 1 Prise Salz mischen.

- Für die Creme die Avocado halbieren, den Kern entfernen und das Fruchtfleisch herauskratzen. Den Knoblauch schälen und grob schneiden. Avocado, Knoblauch, Olivenöl, Zitronenabrieb und -saft mit dem Stabmixer oder im Standmixer fein pürieren und mit Salz und Pfeffer abschmecken. Die Creme in einen Spritzbeutel füllen und beiseite legen.

- Die Nashi in 5 mm dicke Scheiben schneiden und aus den Scheiben mit dem Ausstecher 6 Kreise ausstechen.

- Die Gurkenstreifen leicht eingerollt mit den Würfeln auf den Tellern platzieren. Sashimischeiben anlegen, einige Tupfer Avocadocreme auf die Teller setzen und das Ganze mit den Nashikreisen garniert servieren.

Saint-Pierre
mit Mini-Spinatknödeln, Nussbutter und Apfel-Sellerie-Röllchen

ZUTATEN

 VORSPEISE

 1 STUNDE

 1 GOLDENER STERN

Für die Knödel:
2 Handvoll Blattspinat
100 g altbackenes Weißbrot
1 Ei
ca. 50 ml Milch
Salz
frisch geriebene Muskatnuss
frisch gemahlener schwarzer Pfeffer
1 kleine Schalotte
1 EL Butter

Für die Röllchen:
1 grüner Apfel (Sorte Granny Smith)
1 Stange Staudensellerie
Abrieb und Saft von 1 Bio-Limette
1 TL Pflanzenöl
1 EL Crème fraîche

Für den Fisch:
100 g Butter
1 Prise Salz
300 g Saint-Pierre-Filet (s. Tipp)

Außerdem:
Passiertuch
Trüffelhobel

58

REZEPTE Team Alexander ROSINA

PRAXISTIPP

Sollten Sie den Saint-Pierre nicht als Filet kaufen können, so werfen Sie die Reste auf gar keinen Fall weg, sondern benutzen Sie die Karkassen, um daraus einen hochwertigen Fischfond herzustellen. Grundrezepte dazu finden Sie in vielen Basic-Kochbüchern sowie ganz einfach im Internet.

Für die Knödel den Spinat verlesen, waschen und die Hälfte pürieren. Den Rest beiseite legen. Das Brot in kleine Würfel schneiden. Das Ei verquirlen, die Milch aufkochen. Brot und pürierten Spinat in einer Schüssel mit dem Ei und 1 Prise Salz vermengen. Nach und nach die heiße Milch dazugeben, bis ein fester, leicht klebriger Teig entsteht. Mit Muskatnuss, Salz und Pfeffer abschmecken. Den Teig abgedeckt 20 Minuten ruhen lassen.

In der Zwischenzeit für den Fisch die Nussbutter herstellen. Dazu die Butter zerlassen und köcheln, bis sie goldbraun ist. Ein feinmaschiges Sieb mit einem Passiertuch auslegen und die Nussbutter hindurchgießen.

Für die Röllchen den Apfel halbieren und das Kerngehäuse entfernen. Von einer Hälfte auf dem Trüffelhobel 6 feine Scheibchen abschneiden. Den Rest mit dem entfädelten Staudensellerie in feine Würfelchen schneiden. Limettenabrieb und -saft mit Pflanzenöl und Crème fraîche verrühren, mit Salz und Pfeffer abschmecken und die Apfel- und Selleriewürfel darin marinieren.

Aus dem Teig mit angefeuchteten Händen pralinengroße Knödelchen formen. Die Knödel in siedendem Salzwasser etwa 4 Minuten garen. Herausheben und abtropfen lassen. Die Schalotte schälen und in feine Würfel schneiden. Die Butter in einer Pfanne erhitzen und die Schalottenwürfel darin bei mittlerer Hitze 4 Minuten glasig schwitzen. Die restlichen Spinatblätter dazugeben und zusammenfallen lassen. Mit Muskatnuss, Salz und Pfeffer abschmecken.

Den Saint-Pierre mit Salz leicht würzen. In einer großen Pfanne 3 EL Nussbutter erhitzen und das Fischfilet darin bei niedriger bis mittlerer Hitze von beiden Seiten jeweils 2 Minuten ziehen lassen.

Die Apfelscheibchen an einer Stelle bis zur Mitte hin einschneiden, kegelförmig aufrollen und mit dem Apfel-Sellerie-Salat füllen. Die Spinatknödelchen halbieren.

Den Spinat auf die Mitte der Teller geben, jeweils ein Saint-Pierre-Filet auflegen, rundherum auf den Tellern die Spinatknödelchen verteilen, jeweils drei Apfel-Staudensellerie-Röllchen anlegen und das Ganze mit Nussbutter beträufelt servieren.

Jakobsmuschel auf Blumenkohlpüree
mit Portwein-Trauben-Butter und Kartoffelchip

60

REZEPTE Team Alexander JOHANNES

ZUTATEN

👥 VORSPEISE
🕐 1 STUNDE
⭐ 1 GOLDENER STERN

Für das Püree:
½ Blumenkohl
2 Schalotten
100 g Butter
30 ml weißer Portwein
100 ml Geflügelfond
100 g Sahne
1 Spritzer Limettensaft
1 Prise Zucker
frisch geriebene Muskatnuss

Für die Butter:
200 ml roter Portwein
200 ml Rotwein
1 Handvoll kleine blaue Trauben (kernlos)
125 g kalte Butter in Stückchen
1 Prise Zucker
Salz
frisch gemahlener weißer Pfeffer

Für den Chip:
1 blaue Kartoffel (z. B. Sorte Vitelotte)
Sonnenblumenöl zum Frittieren

Für die Muscheln:
6 Jakobsmuscheln
   (ausgelöst, ohne Corail; s. S. 124)

Außerdem:
Trüffelhobel

Für das Püree den Blumenkohl in kleine Röschen teilen. Die Strünke klein schneiden. Die Schalotten schälen und in feine Würfel schneiden. 2 EL Butter in einer Pfanne erhitzen und die Schalottenwürfel darin bei mittlerer Hitze 4 Minuten glasig schwitzen. Den Blumenkohl dazugeben und 2 Minuten mitschwitzen. Mit dem Portwein ablöschen und die Flüssigkeit fast vollständig verkochen lassen. Den Geflügelfond angießen, die Sahne dazugeben und alles bei mittlerer Hitze 20 Minuten sehr weich garen.

In der Zwischenzeit für die Butter Portwein und Rotwein in einem kleinen Topf erhitzen und die Flüssigkeit bei mittlerer Hitze auf ein Drittel der Menge einkochen. Die Haut der Trauben abziehen und die Früchte halbieren. Die Butterstückchen in die Reduktion einrühren, mit Zucker, Salz und Pfeffer abschmecken. Den Topf vom Herd nehmen, die Trauben einrühren. Beiseite stellen und ziehen lassen.

Die weiche Blumenkohlmasse in einem Standmixer oder mit dem Stabmixer pürieren und nach Belieben zusätzlich durch ein feinmaschiges Sieb streichen. Die restliche Butter untermischen und das Püree mit Limettensaft, Zucker, Muskatnuss, Salz und Pfeffer abschmecken. Beiseite stellen und warm halten.

Für den Chip die ungeschälte Kartoffel mit dem Trüffelhobel in sehr feine Scheiben schneiden. Das Öl in einem kleinen Topf zwei Fingerbreit hoch auf 130 °C erhitzen (s. Tipp) und die Kartoffelscheiben darin etwa 3 Minuten knusprig frittieren. Herausnehmen, auf Küchenpapier abtropfen lassen und leicht salzen.

Die Jakobsmuscheln mit Salz und Pfeffer würzen. Eine beschichtete Pfanne langsam mittelstark erhitzen und die Muscheln darin ohne die Zugabe von Fett 2 Minuten braten. Herausnehmen.

Auf jedem Teller einen Klecks Blumenkohlpüree zu einer Linie ausstreichen. Jeweils drei Jakobsmuscheln anlegen, mit Portwein-Trauben-Butter beträufeln und das Ganze mit einigen Kartoffelchips garniert servieren. Dazu passen einige in brauner Butter gebratene Blumenkohlscheiben.

REZEPTE Team Alexander JOHANNES

PRAXISTIPP

Wenn die Temperatur von Frittierfett niedriger ist – so wie hier –, erhöht sich die Frittierzeit, dafür bleibt die blaue Farbe der Kartoffel erhalten.

Schweinefilet
mit Rauchpaprika-Butter, Kartoffelpüree und Perlzwiebelchen

ZUTATEN

 HAUPTGERICHT
🕐 50 MINUTEN

Für den Speckbogen:
1 EL flüssige Butter
1 Scheibe Serrano-Schinken

Für das Fleisch:
350 g Schweinefilet
Salz
1 EL Pflanzenöl
frisch gemahlener schwarzer Pfeffer

Für das Püree:
1 gute Handvoll Drillinge
   (sehr kleine Kartoffeln)
3 EL Sahne
2 EL Butter

Für die Perlzwiebelchen:
6 Perlzwiebeln (s. Tipp)
2 EL Crème fraîche
½ TL Bio-Zitronenabrieb
1 Spritzer Bio-Zitronensaft

Für die Rauchpaprika-Butter:
80 g Butter
1 EL geräuchertes Paprikapulver
1 TL Bio-Orangenabrieb

Für die Paprikawürfel:
½ rote Paprikaschote
1 EL Olivenöl

Außerdem:
2 runde Metall-Ausstecher (Ø 5 cm)
Flambierbrenner

PRAXISTIPP

Sofern man größere Mengen Perlzwiebeln verarbeiten möchte, lohnt es sich, sie vor dem Schälen mit kochendem Wasser zu übergießen und sie darin kurz ziehen zu lassen. So lassen sich die Häute wesentlich leichter ablösen.

Den Backofen auf 170 °C Umluft vorheizen. Die Ausstecher mit Butter einpinseln. Den Schinken in 2 cm breite Streifen schneiden, um die Metallringe wickeln und im heißen Ofen 5–10 Minuten backen. Herausnehmen, leicht abkühlen lassen und von den Metallringen streifen. Die Ofentemperatur auf 120 °C Umluft reduzieren.

Das Schweinefilet von Fett und Sehnen befreien und mit Salz würzen. Das Pflanzenöl in einer Pfanne erhitzen und das Fleisch darin bei starker Hitze rundherum etwa 3 Minuten anbraten. Das Filet aus der Pfanne nehmen, mit Pfeffer würzen und im heißen Ofen auf dem Rost 15–20 Minuten fertig garen.

In der Zwischenzeit für das Püree die Drillinge mit Schale in Salzwasser 20 Minuten weich garen. Währenddessen die Perlzwiebeln schälen und in kochendem Salzwasser 5–7 Minuten blanchieren. Sofort in Eiswasser abschrecken und abtropfen lassen. Die Zwiebeln längs halbieren und die Schnittflächen mit dem Flambierbrenner anflämmen. Crème fraîche, Zitronenabrieb sowie -saft glattrühren und mit Salz abschmecken.

Die Kartoffeln abgießen, kurz ausdampfen lassen und noch heiß pellen. Die Kartoffeln durch die Presse drücken. Die Sahne kurz aufkochen und mit der Butter unter das Püree mischen. Mit Salz abschmecken und warm halten.

Für die Rauchpaprika-Butter die Butter in einem Topf bei mittlerer Hitze aufschäumen. Paprikapulver, Orangenabrieb mit 1 Prise Salz dazugeben. Alles unter ständigem Rühren 1 Minute kochen, dann den Topf vom Herd nehmen.

Die Paprikaschote entkernen, von Stielansatz und Scheidewänden befreien, mit einem Sparschäler schälen und in feine Würfelchen schneiden. Das Olivenöl in einer Pfanne erhitzen, die Paprikawürfel darin 2–3 Minuten schwenken und mit Salz sowie Pfeffer würzen. Die Pfanne vom Herd nehmen.

Das Schweinefilet aus dem Ofen nehmen und abgedeckt kurz ruhen lassen, dann in Tranchen aufschneiden.

Zum Servieren auf jedem Teller einen Klecks Kartoffelpüree ausstreichen, die Paprikawürfel in einer Linie daneben anrichten, einige Tranchen Schweinefilet leicht überlappend anlegen und mit Rauchpaprika-Butter beträufeln. Rundherum sechs Tupfer Crème fraîche auf die Teller geben und je eine Perlzwiebelhälfte aufsetzen.

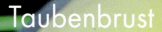

Taubenbrust
mit zweierlei Sellerie und Trüffel, Portweinjus und Karamellnüssen

ZUTATEN

 VORSPEISE

 1 STUNDE

 1 GOLDENER STERN

Für das Zweierlei:
1 Knollensellerie
4–5 EL Butter
250–300 g Sahne
¼ schwarze Trüffel (etwa 10 g; s. S. 125)
Pflanzenöl zum Frittieren

Für das Fleisch:
2 Taubenbrustfilets (à 70–80 g)
Salz
frisch gemahlener schwarzer Pfeffer
1 EL Butter
3 Zweige Thymian

Für die Jus:
½ rote Zwiebel
2 EL Butter
50 g Zucker
300 ml roter Portwein
1 kleine Handvoll Herzkirschen

Für die Nüsse:
1 EL Pinienkerne
1 EL Erdnüsse
2 EL Zucker
½ EL Butter
1 Prise Meersalz-Flakes (z. B. von Maldon)

Außerdem:
Trüffelhobel

64

REZEPTE Team Alexander ROSINA

PRAXISTIPP

Selleriepüree lässt sich wunderbar mit dem Stabmixer pürieren, wie zum Beispiel dem Speed Touch Stabmixer von Philips. Im Gegensatz zu Kartoffelpüree können Sie sich hier die Arbeit, die Stücke durch die Presse zu drücken und das Püree durch ein Sieb zu streichen, sehr gut sparen.

PHILIPS

Speedtouch
Stabmixer 2-in-1
HR 1674

Für das Zweierlei den Sellerie schälen und vierteln. Drei Viertel in Würfel schneiden. 1 EL Butter in einer Pfanne erhitzen und die Selleriewürfel darin bei mittlerer Hitze 5 Minuten anschwitzen. 250 g Sahne angießen, Deckel auflegen und den Sellerie unter gelegentlichem Rühren 15–20 Minuten weich garen. Bei Bedarf etwas mehr Sahne hinzufügen.

Für das Fleisch den Backofen auf 80 °C vorheizen. Die Taubenbrust unter fließendem kaltem Wasser waschen und mit Küchenpapier trocken tupfen. Die Haut abziehen und das Fleisch mit Salz und Pfeffer würzen. Die Butter in einer Pfanne erhitzen. Wenn sie zu schäumen beginnt, den Thymian hinzufügen und die Taubenbrustfilets darin bei mittlerer Hitze 1 Minute sanft anbraten. Das Fleisch aus der Pfanne nehmen und im heißen Ofen auf dem Rost 20–25 Minuten rosa garen.

In der Zwischenzeit für die Jus die rote Zwiebel in sehr feine Würfel schneiden. Butter und Zucker in einem kleinen Topf erhitzen und den Zucker bei mittlerer Hitze leicht karamellisieren. Die Zwiebel dazugeben und 1 Minute anschwitzen. Mit 1 Schuss Portwein ablöschen und die Flüssigkeit auf die Hälfte der Menge einkochen lassen. Den restlichen Portwein dazugeben und das Ganze bei niedriger bis mittlerer Hitze sanft köcheln.

Die Nüsse sortenweise in einer beschichteten Pfanne ohne Fett bei mittlerer Hitze goldbraun rösten. Herausnehmen. Zucker und Butter in der Pfanne schmelzen und leicht karamellisieren. 1 Prise Meersalz-Flakes dazugeben und die Nusskerne unterheben. Die Masse auf einem Bogen Backpapier verteilen und auskühlen lassen.

Die Trüffel auf dem Trüffelhobel in hauchdünne Scheibchen schneiden. Die Hälfte der Scheibchen zunächst in feine Streifen schneiden, dann sehr fein würfeln. Den weich gegarten Sellerie und die Sahne mit dem Stabmixer pürieren, 2 EL Butter untermischen und das Püree mit Salz und Pfeffer abschmecken. Die Trüffelwürfel unter das heiße Selleriepüree rühren und ziehen lassen. Die restliche Butter in einer Pfanne erhitzen und die Trüffelscheiben hineingeben. Die Pfanne vom Herd nehmen und die Scheiben in der Butter ziehen lassen.

Den restlichen Sellerie mit dem Trüffelhobel in feine Scheibchen hobeln und dann in 1,5 cm breite Streifen schneiden. Die Streifen in kochendem Salzwasser 10 Sekunden blanchieren, herausheben, sofort in Eiswasser abschrecken und auf Küchenpapier abtropfen lassen.

Die Jus mit Salz und Pfeffer abschmecken. Die Kirschen halbieren, entsteinen, in Viertel schneiden und in der Reduktion ziehen lassen. Die kalten Karamellnüsse grob hacken. Die Taubenbrustfilets aus dem Ofen nehmen und abgedeckt 2–3 Minuten ruhen lassen, dann in Tranchen aufschneiden. Die Selleriestreifen mit jeweils 1 buttergeschwenkten Trüffelscheibe belegen und zu Röllchen aufrollen.

Auf jedem Teller einen Klecks Selleriepüree ausstreichen, einen Spiegel aus Portweinjus danebensetzen, einige Fleischtranchen auflegen und die Selleriröllchen anlegen. Das Ganze mit einigen Karamellnüssen bestreuen und mit Trüffelbutter beträufelt servieren.

Rehrücken
mit Variationen vom Kürbis und Schinkenchips

ZUTATEN

 HAUPTGERICHT
 1 STUNDE
 1 GOLDENER STERN

Für den Kürbis:
1 kleiner Hokkaidokürbis (s. S. 124)
Salz
½ Butternusskürbis
300 ml Pflanzenöl
je 1 Zweig Rosmarin und Thymian
1 Knoblauchzehe
50 g Butter
frisch geriebene Muskatnuss

Für den Chip:
2 Scheiben Parmaschinken

Für das Fleisch:
300 g Rehrücken (pariert)
frisch gemahlener schwarzer Pfeffer
50 g Nussbutter (s. Tipp)
je 2 Zweige Rosmarin und Thymian
40 g Kürbiskerne
1 EL Olivenöl

Für die Sauce:
50 ml Weißwein
100 ml Kalbsfond
1 Zweig Thymian
Abrieb von 1 Bio-Zitrone
30 g Butter

Außerdem:
Spritzbeutel
kleiner Kugelausstecher (s. Tipp S. 28)

REZEPTE   Team Alexander JOHANNES

PRAXISTIPP

Um Nussbutter herzustellen die Butter in einem kleinen Topf bei mittlerer Hitze köcheln, bis sie sich goldbraun färbt (das enthaltene Wasser verdunstet, während das Eiweiß karamellisiert). Abschließend nach Belieben zum Klären die Butter durch ein Passiertuch oder ein feinmaschiges Sieb gießen.

Den Backofen auf 100 °C Umluft vorheizen. Den Hokkaidokürbis halbieren und die Kerne herauskratzen. Das Fruchtfleisch in grobe Würfel schneiden und in kochendem Salzwasser 20 Minuten weich garen.

Währenddessen für den Chip den Parmaschinken in einer beschichteten Pfanne ausstreichen, mit Backpapier belegen und mit einem Topf beschwert bei niedriger Hitze 15–20 Minuten kross ausbacken. Herausheben, auf Küchenpapier abtropfen lassen und in kleine Segel brechen.

In der Zwischenzeit den Rehrücken mit Salz und Pfeffer würzen. Die Nussbutter in einer Pfanne erhitzen und das Fleisch mit je 1 Rosmarin- und Thymianzweig sowie dem angedrückten Knoblauch bei mittlerer Hitze rundherum 2 Minuten anbraten. Herausnehmen und im heißen Ofen auf dem Rost 15 Minuten fertig garen.

In dieser Zeit den Butternusskürbis schälen, halbieren und die Kerne entfernen. Das Fruchtfleisch in 4 cm große Würfel schneiden. Das Pflanzenöl in einem Topf mit den Kräutern und dem angedrückten Knoblauch bei niedriger Hitze erhitzen und die Kürbiswürfel darin 12 Minuten confieren (s. S. 124).

Den Hokkaidokürbis abgießen, dabei das Kochwasser auffangen. Fruchtfleisch und Butter fein pürieren und mit Muskatnuss, Salz und Pfeffer abschmecken. Die Masse in einen Spritzbeutel füllen. Die Butternusskürbis-Würfel aus dem Öl heben, auf Küchenpapier abtropfen lassen und in einer beschichteten Pfanne rundherum anbraten. Leicht abkühlen lassen, mit einem Kugelausstecher aushöhlen und mit dem Hokkaidopüree füllen.

Für die Sauce den Bratensatz in der Fleischpfanne mit dem Weißwein ablöschen. Den Thymian mit 100 ml Hokkaidokürbis-Kochwasser dazugeben und alles einmal aufkochen. Mit Zitronenabrieb, Salz und Pfeffer abschmecken. Warm halten.

Für das Fleisch die Kürbiskerne in einer Pfanne ohne Fett rösten. Die Kerne in einer Schüssel kurz abkühlen lassen, dann mit den restlichen abgezupften Kräuterblättchen fein hacken. Das Fleisch aus dem Ofen nehmen, mit Olivenöl bepinseln, in der Kürbiskern-Kräuter-Mischung wälzen und in Tranchen aufschneiden.

Die Fleischtranchen dachziegelartig auf den Tellern anrichten. Daneben die gefüllten Kürbiswürfel verteilen, die Schinkenchips anlegen und das Ganze rundherum mit Sauce beträufelt servieren.

Gebratenes Entenherz
mit Yuzu-Kumquat-Glasur, zweierlei Blumenkohl und Erdnusscrunch

ZUTATEN

 VORSPEISE
 1 STUNDE
 1 GOLDENER STERN

Für die Glasur:
100 g Kumquats (s. S. 124)
2 EL Zucker
50 ml Yuzusaft (s. Tipp S. 30)
Salz

Für das Zweierlei:
½ Blumenkohl
2 EL Butter
100 g Sahne
frisch geriebene Muskatnuss
frisch gemahlener schwarzer Pfeffer
2 EL Butterschmalz
2 EL Panko (asiat. Paniermehl; s. S. 125)

Für den Crunch:
2 EL Zucker
2 TL Butter
50 g Erdnusskerne (s. Tipp)
1 Prise Meersalz-Flakes (z. B. von Maldon)

Für das Fleisch:
6 Entenherzen
1 EL Butterschmalz
Trüffelhobel

REZEPTE Team Alexander NINA

PRAXISTIPP

Falls Sie keine ungesalzenen Erdnusskerne zur Hand haben, können Sie für dieses Gericht auch gesalzene Nüsse benutzen, verzichten dann allerdings auf die Zugabe von Meersalz-Flakes.

„Wir werden davon noch in zwei Wochen reden!" (Tim Mälzer)

Für die Glasur die Kumquats in Streifen schneiden. Den Zucker in einer beschichteten Pfanne bei mittlerer Hitze schmelzen und leicht karamellisieren. Die Kumquatstreifen im Karamell schwenken. Mit dem Yuzusaft ablöschen, mit 1 Prise Salz würzen und das Ganze bei niedriger Hitze 10 Minuten köcheln. Die Masse durch ein feinmaschiges Sieb streichen und beiseite stellen.

Für das Zweierlei den Blumenkohl in Röschen teilen. 1 kleine Handvoll Röschen beiseite legen, den Rest in kochendem Salzwasser 7–10 Minuten weich garen. Abgießen, abtropfen lassen und die Röschen im Standmixer mit Butter und Sahne pürieren. Das Püree mit Muskatnuss, Salz und Pfeffer abschmecken.

Die restlichen Blumenkohlröschen mit dem Trüffelhobel in feine Scheibchen schneiden. Das Butterschmalz in einer Pfanne stark erhitzen und die Scheibchen darin ausbacken. Wenn sie leicht zu bräunen beginnen, das Pankomehl dazugeben. Sobald es sich goldbraun färbt, alles mit dem Schaumlöffel herausheben, auf Küchenpapier abtropfen lassen und mit Salz und Pfeffer würzen.

Für den Crunch Zucker und Butter in einer beschichteten Pfanne bei mittlerer Hitze schmelzen und leicht karamellisieren. Die Erdnüsse hacken, mit in die Pfanne geben, mit Meersalz-Flakes würzen und im Karamell kurz schwenken. Die Masse auf einem Bogen Backpapier oder einer Backmatte ausstreichen und auskühlen lassen.

Währenddessen für das Fleisch die Herzen am oberen Rand etwa ein Drittel hoch abschneiden, unter fließendem kaltem Wasser abspülen und mit Küchenpapier trocken tupfen. Mit Salz und Pfeffer würzen. Das Butterschmalz in einer Pfanne erhitzen und die Herzen darin kurz scharf und rosa anbraten. Die Pfanne vom Herd nehmen und das Fleisch abgedeckt 5 Minuten ruhen lassen.

Vor dem Servieren die Herzen mit der Yuzu-Glasur bestreichen. Den ausgehärteten Erdnusskaramell hacken.

Jeweils einen Klecks Blumenkohlpüree auf den Tellern zu einer Linie ausstreichen. Die Entenherzen aufsetzen, die Blumenkohlscheibchen anlegen, das Ganze mit Pankobröseln bestreuen und mit dem Erdnusscrunch garniert servieren.

„Du musst deine Leidenschaft auf den Löffel legen!"

TEAM TIM MÄLZER

Das Team Tim Mälzer

Für mich ist mein Team ganz klar die Nr. 1!

Ihr habt super gekocht, hart gekämpft und am Ende die meisten Sterne bekommen. Das kann kein Zufall sein!

Ich wünsche euch, Dani, Ole, Rainer und Malte, weiterhin viel Freude am Kochen und an der Zubereitung von tollen Gerichten.

Es war mir ein Vergnügen!

Euer

Luxus-Bauernfrühstück

ZUTATEN

 FRÜHSTÜCK

🕐 30 MINUTEN

⭐ ⭐ 2 GOLDENE STERNE

Für die Chips:
2 dünne Scheiben durchwachsener
    Räucherspeck

Für das Ei:
4 Scheiben Toastbrot
1 EL Butter
2 Zweige Thymian
Salz
frisch gemahlener schwarzer Pfeffer
3 EL Essig
4 Wachteleier

Für den Salat:
1 Handvoll Babyspinatblätter
1 EL Olivenöl
1 EL Zitronensaft
1 Prise Zucker
5 g schwarze Trüffel

Außerdem:
runder Anrichtering (Ø 8 cm)

PRAXISTIPP

Für eine günstigere Variante können Sie die Trüffel durch einige Tropfen Trüffelöl, aber auch durch gebratene Pfifferlinge oder Champignons ersetzen.

Für die Chips den Speck in kleine Stücke schneiden, auf einem Bogen Backpapier auslegen, mit einem weiteren Backpapierbogen belegen, in einer Pfanne mit einem Topf beschweren und bei niedriger Hitze 20 Minuten kross braten.

In der Zwischenzeit aus den Toastscheiben mit dem Anrichtering 4 Kreise ausstechen. Die Butter mit dem Thymian in einer Pfanne erhitzen und die Brotkreise darin bei mittlerer Hitze von jeder Seite 2 Minuten gold-braun anrösten. Herausnehmen und auf Küchenpapier abtropfen lassen. Mit Salz und Pfeffer würzen.

Für den Salat den Spinat putzen und verlesen. Olivenöl, Zitronensaft, Zucker, Salz und Pfeffer zu einer Marina-de verrühren und beiseite stellen. Die Trüffel mit einer Gabel zerdrücken.

In einem großen Topf 1 l Wasser mit dem Essig mischen und aufkochen. Ein Wachtelei in eine kleine Kelle auf-schlagen. Das Wasser im Topf verrühren, bis ein Strudel entsteht. Das Ei vorsichtig ins Wasser gleiten lassen und etwa 40 Sekunden pochieren. Herausheben und abtropfen lassen. Mit den übrigen Eiern ebenso verfahren.

Den Spinat mit der Marinade mischen und auf die Teller verteilen. Daneben die Toastkreise setzen, jeweils zwei pochierte Wachteleier auflegen, mit den Speckchips garnieren und das Ganze für etwas mehr Luxus mit der zerdrückten Trüffel bestreut servieren.

Carabineros

auf Pfirsich-Tomaten-Salat mit Tomatenkernen und Kokosflocken

ZUTATEN

 ZWISCHENGANG

 1 STUNDE

 2 GOLDENE STERNE

Für Carabineros und Fond:
10 Carabineros (s. S. 124)
2 Schalotten
½ Fenchelknolle
1 Stange Staudensellerie
2 kleine Strauchtomaten
2 EL Olivenöl
100 ml Wermut (z. B. Noilly Prat)
100 ml Weißwein
400 ml Krustentierfond
100 g kalte Butter
1 EL Olivenöl
1 Zweig Thymian

Für die Kokosflocken:
1 kleines Stück frische Kokosnuss
1 EL Puderzucker

Für den Salat:
1 Pfirsich
5 kleine Strauchtomaten
1 Schalotte
½ Bund Schnittlauch
1 EL Champagneressig
2 EL Zitronen-Olivenöl (s. Tipp S. 85)
Abrieb von ½ Bio-Limette
1 Msp. Piment d'Espelette (s. S. 125)
Salz
frisch gemahlener schwarzer Pfeffer
1 EL Sonnenblumenöl

Für die Kerne:
2 Kirschtomaten

Außerdem:
Trüffelhobel
Kugelausstecher (s. Tipp S. 28)

REZEPTE Team Tim OLE

PRAXISTIPP

Wer keine frische Kokosnuss greifbar hat, ersetzt die frische Nuss durch 2 EL gekaufte Kokosraspel, die fertig abgepackt bei den Backwaren zu finden sind.

„Dieser Löffel ist Avantgarde!"
(Alexander Herrmann)

Carabineros-Köpfe abdrehen, Schalen aufbrechen und das Fleisch auslösen. Schwanzende abdrehen, Darm herausziehen. Schalotten schälen und in Würfel schneiden. Das Gemüse ebenfalls würfeln. Olivenöl erhitzen und Schalottenwürfel darin bei mittlerer Hitze 4 Minuten glasig schwitzen. Carabineros-Köpfe und -schalen dazugeben und 2–3 Minuten anrösten. Das Gemüse dazugeben und kurz mitrösten. Mit Wermut und Weißwein ablöschen und die Flüssigkeit auf die Hälfte der Menge einkochen. Fond angießen und alles köcheln lassen.

Den Backofen auf 160 °C vorheizen. Die Kokosnuss schälen und das Fleisch mit dem Trüffelhobel auf ein mit Backpapier ausgelegtes Backblech hobeln. Mit dem Puderzucker bestäuben und im heißen Ofen 4 Minuten rösten. Abkühlen lassen.

Für den Salat den Pfirsich halbieren und entkernen. Die Strauchtomaten halbieren, entkernen und Stielansatz entfernen. Die Schalotte schälen und mit Pfirsich und Tomate in feine Würfel schneiden. Den Schnittlauch in feine Röllchen schneiden.

Essig und Öl mit Limettenabrieb und Piment d'Espelette zu einer Vinaigrette verrühren und mit Salz und Pfeffer würzen. Das Sonnenblumenöl in einer kleinen Pfanne erhitzen, die Schalottenwürfel darin bei mittlerer Hitze 3 Minuten anschwitzen und zur Vinaigrette geben. Pfirsich- und Tomatenwürfel unterheben und beiseite stellen.

Den Fond durch ein feinmaschiges Sieb in einen zweiten Topf gießen, mit Salz und Pfeffer würzen, aufkochen, den Topf vom Herd nehmen und 80 g kalte Butter in Stückchen unterrühren.

Für die Kerne die Kirschtomaten halbieren und das Kerngehäuse beziehungsweise die Tomatenherzen mit einem Kugelausstecher oder Löffel vorsichtig auslösen.

Die Carabineros mit Salz ganz leicht würzen. Die restliche Butter mit dem Olivenöl in einer Pfanne erhitzen und die Carabineros darin mit dem Thymian bei mittlerer Hitze von jeder Seite 1 Minute anbraten.

Den Pfirsich-Tomaten-Salat auf tiefe Teller verteilen, die Carabineros auflegen, die Tomatenherzen dazwischen verteilen und das Ganze mit Kokosflocken bestreut servieren.

Gnocchi
mit Pfifferlingen und Buttercremesauce

ZUTATEN

 HAUPTGERICHT

 1 STUNDE

 2 GOLDENE STERNE

Für die Gnocchi:
500 g festkochende Kartoffeln
Salz
1 Eigelb
125 g Mehl plus
     etwas mehr für die Arbeitsfläche
frisch geriebene Muskatnuss
frisch gemahlener schwarzer Pfeffer

Für die Pilze:
150 g Pfifferlinge
1 Schalotte
1 EL Butter

Für die Sauce:
½ Schalotte
100 ml Weißwein (Sorte Chardonnay)
100 ml Wermut (z. B. Noilly Prat)
1 frisches Lorbeerblatt
200 ml Geflügelfond
50 g kalte Butter
1 Spritzer Zitronensaft
2 EL feine Schnittlauchröllchen

Außerdem:
Kartoffelpresse

REZEPTE Team Tim DANI

PRAXISTIPP

Wer die Pilze noch etwas würziger mag, schwitzt mit den Schalotten 1–2 EL mild geräucherte Schinkenwürfel oder Frühstücksspeck an. Anstelle der Schnittlauchröllchen passt zu Pfifferlingen stets auch Petersilie sehr gut.

„So wenig kann so viel sein!" (Frank Rosin)

■ Für die Gnocchi die Kartoffeln schälen, in Würfel schneiden und in kaltem Wasser 10 Minuten beiseite stellen, um die Stärke zu lösen. In der Zwischenzeit für die Pilze die Pfifferlinge putzen und nach Bedarf mit einem Pinsel oder Küchenpapier trocken abreiben. Die Kartoffeln abgießen, in frischem Salzwasser aufkochen und bei mittlerer Hitze 15–20 Minuten weich garen.

■ Währenddessen für die Sauce die Schalottenhälfte schälen. Wein und Wermut mit der Schalotte und dem Lorbeerblatt aufkochen. Die Flüssigkeit bei mittlerer Hitze auf die Hälfte der Menge einkochen. Schalotte und Lorbeer entfernen, den Geflügelfond angießen und die Sauce noch einmal erhitzen. Zum Binden die Butter in kleinen Würfeln kräftig einrühren. Die Sauce mit dem Stabmixer aufmixen, dann mit Zitronensaft und Salz abschmecken. Warm halten.

■ Die Kartoffeln abgießen, kurz ausdampfen lassen und noch heiß durch die Presse drücken. Mit Eigelb, Mehl, Muskatnuss, Salz und Pfeffer verkneten. Den Teig auf der bemehlten Arbeitsfläche zu einem daumendicken Strang ausrollen und in 3 cm breite Stücke schneiden.

■ Für die Pilze die Schalotte schälen und in Würfel schneiden. Die Butter in einer Pfanne erhitzen und die Schalottenwürfel darin bei mittlerer Hitze glasig schwitzen. Die Pfifferlinge dazugeben und rundherum 2 Minuten mitbraten. Mit Salz und Pfeffer abschmecken (s. Tipp links).

■ In einem großen Topf ausreichend Salzwasser aufkochen und die Gnocchi hineingeben. Sobald sie an die Oberfläche steigen, herausheben, abtropfen lassen und kurz in der Pfanne mit den Pfifferlingen schwenken. Noch einmal abschmecken. Abschließend den Schnittlauch unter die Sauce mischen.

■ Die Gnocchi mit den Pfifferlingen auf die Teller verteilen und das Ganze mit Sauce beträufelt servieren.

Kabeljau
mit Gurken-Erbsen-Romana-Salat und Artischockenchip

ZUTATEN

  HAUPTGERICHT
🕐 45 MINUTEN
🥄 BESTER LÖFFEL

Für den Fisch:
400 ml Olivenöl
je 2 Zweige Thymian und Rosmarin
½ Knoblauchzehe
400 g Kabeljau

Für den Chip:
1 junge Artischocke (s. Tipp)
Sonnenblumenöl zum Frittieren

Für den Salat:
½ Gurke
Salz
1 Handvoll frische Erbsen
1 Romana-Salatherz
je 1 EL Walnuss- und Rapsöl
1 EL Reisessig
1 TL Champagneressig
1 Spritzer Zitronensaft
1 Prise Zucker
frisch gemahlener schwarzer Pfeffer
100 g griechischer Joghurt (10 % Fett)
1 Msp. Bio-Zitronenabrieb
1 Spritzer Bio-Zitronensaft

Außerdem:
Kugelausstecher (s. Tipp S. 28)
Trüffelhobel

REZEPTE Team Tim OLE

PRAXISTIPP

Artischocken gibt es inzwischen das ganze Jahr hindurch zu kaufen. Von Juni bis November schmecken sie am besten. Wirklich gute Exemplare liegen schwer in der Hand, die grünen Knospen ohne braunen Stellen fühlen sich fest an. Weder Blätter noch Stiel wirken ausgetrocknet. In ein feuchtes Tuch gewickelt, halten sich Artischocken im Kühlschrank wenigstens 3–4 Tage.

„Auf diesem Löffel kann man den Frühling schmecken!" (Christian Jürgens – Gastjuror)

Für den Fisch das Olivenöl mit Thymian, Rosmarin und angedrücktem Knoblauch in einem Topf oder in einer Pfanne auf 80 °C erhitzen. Den Kabeljau im heißen Öl 10–15 Minuten confieren (s. S. 124).

Für den Chip die Artischocke vorbereiten. Dazu das obere Drittel sowie die harten äußeren Blätter abschneiden. Die Stiele schälen und das innere Stroh mit einem Kugelausstecher oder Löffel herauskratzen. Die Artischocke auf dem Trüffelhobel der Länge nach in sehr feine Scheiben schneiden. Das Sonnenblumenöl 2 Fingerbreit hoch in einem Topf auf 170 °C erhitzen und die Artischockenscheiben darin etwa 3 Minuten goldbraun frittieren. Herausnehmen und auf Küchenpapier abtropfen lassen.

Für den Salat die Gurke längs halbieren, schälen, entkernen und in Würfel schneiden. Leicht mit Salz würzen und im Kühlschrank abgedeckt kalt stellen. Die Erbsen in kochendem Salzwasser 4 Minuten blanchieren. Herausnehmen, sofort in Eiswasser abschrecken und abtropfen lassen. Den Romanasalat von den äußeren Blättern befreien und in feine Streifen schneiden.

Für die Marinade Walnuss- und Rapsöl mit Reis- und Champagneressig verrühren und mit Zitronensaft, Zucker, Salz und Pfeffer abschmecken. Die Gurke aus dem Kühlschrank nehmen und den Sud abgießen. Gurkenwürfel, Erbsen und Salatstreifen mit der Marinade mischen.

Für den Dip den Joghurt mit Zitronenabrieb und -saft sowie Salz und Pfeffer abschmecken. Den fertig gegarten Fisch aus dem Öl heben und auf Küchenpapier abtropfen lassen – er kann dabei ruhig leicht zerfallen.

Den Salat auf tiefe Teller geben, den Fisch in seinen einzelnen Lamellen auflegen, einige Punkte Joghurtdip rundherum verteilen und das Ganze mit Artischockenchips garniert servieren.

Entrecôte mit Senftopping
auf Apfel-Zwiebel-Püree und Kaiserschoten

REZEPTE Team Tim RAINER

ZUTATEN

👥 HAUPTGERICHT
🕐 1 STUNDE
⭐⭐ 2 GOLDENE STERNE

Für das Fleisch:
1 Bund gemischte frische Kräuter
   (z. B. Thymian, Rosmarin, Kerbel)
2 Knoblauchzehen
50 ml Olivenöl
Salz
frisch gemahlener schwarzer Pfeffer
400 g Entrecôte
50 g körniger Senf
3 EL Tannenhonig
Fleur de Sel
grob zerstoßener schwarzer Pfeffer

Für das Püree:
300 g Kartoffeln
2 Äpfel
100 g Zucker
1 Vanilleschote
Saft von ½ Zitrone
3 Schalotten
2 EL Sonnenblumenöl
50 g Butter

Für die Sauce:
1 EL Zucker
1 EL Tomatenmark
400 ml Rinderfond
100 ml Armagnac
   (Weinbrand aus der Gascogne)

Für die Kaiserschoten:
150 g Zuckerschoten
50 g Butter
1 Knoblauchzehe
1 Spritzer Zitronensaft
40 g geröstete Mandelblättchen

„Dein Gericht hat mich an mich erinnert."
(Tim Mälzer)

- Für das Fleisch Kräuter fein hacken. Knoblauch schälen und fein würfeln. Beides mit dem Olivenöl mischen und mit Salz und Pfeffer würzen. Das Entrecôte in 4 Stücke teilen und im Kräuteröl 15 Minuten marinieren.

- In der Zwischenzeit für das Püree die Kartoffeln mit Schale in kochendem Salzwasser 20 Minuten weich garen. Die Äpfel schälen, vierteln, entkernen und in kleine Würfel schneiden. In einem kleinen Topf den Zucker mit 100 ml Wasser verrühren, aufkochen und bei mittlerer Hitze sirupartig einkochen (s. Tipp).

- Vanilleschote längs einritzen, mit den Apfelwürfeln in den Sirup geben und aufkochen. Den Topf vom Herd nehmen, den Zitronensaft unterrühren und die Äpfel im Sirup ziehen lassen. Schalotten schälen und fein würfeln. Das Öl erhitzen und die Schalottenwürfel darin bei mittlerer Hitze goldgelb schwitzen. Beiseite stellen.

- Für die Sauce den Zucker bei mittlerer Hitze leicht karamellisieren. Tomatenmark kurz mitschwitzen, dann mit 1 Schuss Rinderfond ablöschen und die Flüssigkeit leicht einkochen. Restlichen Fond angießen und das Ganze bei mittlerer Hitze 5 Minuten reduzieren. Mit Armagnac, Salz und Pfeffer abschmecken.

- Den Backofen auf 80 °C Ober-/Unterhitze vorheizen. Das Entrecôte abtropfen lassen. Das Fleisch bei starker Hitze von beiden Seiten scharf anbraten. Im heißen Ofen auf dem Rost 15–20 Minuten gar ziehen lassen.

- Die Kartoffeln abgießen, ausdampfen lassen, heiß pellen, fein stampfen. Die Butter untermischen und mit Salz und Pfeffer würzen. Apfelstücke abtropfen lassen und mit den Schalotten unter das Kartoffelpüree mischen. Warm halten.

- Zuckerschoten längs in dünne Streifen schneiden. Butter und angedrückten Knoblauch erhitzen. Zuckerschoten darin kurz schwenken. Mit Zitronensaft, Salz und Pfeffer abschmecken. Mandeln untermischen.

- Das Entrecôte abgedeckt 2 Minuten ruhen lassen. Senf und Honig vermengen. Das Fleisch in dünne Tranchen schneiden, mit dem Honigsenf bestreichen und mit Fleur de Sel sowie zerstoßenem Pfeffer würzen.

- Das Apfel-Zwiebel-Püree mit den Zuckerschoten auf den Tellern platzieren, die Entrecôte-Tranchen seitlich anlegen und das Ganze mit der Sauce beträufelt servieren.

PRAXISTIPP

Den Sirup, der beim Einkochen einer Menge Zucker und Wasser entsteht, nennt man auch Läuterzucker. Er wird häufig in der Patisserie verwendet.

Kürbispüree
mit Kabeljau, Hähnchenhautchip und Five-Spice-Sauce

ZUTATEN

 HAUPTGERICHT

 1 STUNDE

 2 GOLDENE STERNE

Für den Chip:
Hähnchenhaut von 1 Hähnchenbrustfilet
   (s. Tipp S. 110)
1 Prise Piment d'Espelette

Für den Kürbis:
½ Hokkaidokürbis (s. S. 124)
Salz
1 EL Butter
5–10 EL Kalbsfond
1 Spritzer Zitronensaft
½ TL frisch geriebener Ingwer
frisch geriebene Muskatnuss
frisch gemahlener Pfeffer

Für die Sauce:
⅓ Stängel Zitronengras
100 ml Kalbsfond
2 Scheiben frischer Ingwer
1 Scheibe Schalotte
1 Scheibe Knoblauch
1 EL kalte Butter
½ TL Fünf-Gewürze-Pulver (s. Tipp)
1 Prise Zucker

Für den Fisch:
350 g Kabeljaufilet
5 g Salz
500 ml Kalbsfond plus 2 EL zum Glasieren
2 EL Zitronensaft
2 EL Olivenöl
1 ½ EL Butter
1 EL Kürbiskerne
6 Pfifferlinge
Thai-Basilikumblätter zum Garnieren

PRAXISTIPP

Five-Spice Powder, zu deutsch Fünf-Gewürze-Pulver, ist eine chinesische Gewürzmischung aus Fenchel, Nelke, Pfeffer, Sternanis und Zimt. Sie würzt Fleischgerichte, schmeckt aber auch zu Gemüse und Reis sehr gut. Fünf-Gewürze-Pulver finden Sie inzwischen in den meisten Gewürzregalen größerer Supermärkte und natürlich in jedem Asiamarkt.

„Das ist die beste Hähnchenhaut, die ich je gegessen habe!" (Lea Linster)

- Für den Chip die Hähnchenhaut in einer beschichteten Pfanne glatt ausstreichen, Backpapier auflegen, das Ganze mit einem Topf beschweren und die Haut bei niedriger Hitze etwa 20 Minuten langsam knusprig braten.

- Währenddessen den Hokkaidokürbis schälen und die Kerne mit einem Löffel herauskratzen. Das Fruchtfleisch in grobe Würfel schneiden und in kochendem Salzwasser etwa 12 Minuten weich garen.

- In der Zwischenzeit für die Sauce das Zitronengras in Stücke schneiden. Kalbsfond, Ingwer, Zitronengras, Schalotte und Knoblauch in einem kleinen Topf aufkochen und die Flüssigkeit auf die Hälfte der Menge einkochen. Durch ein feinmaschiges Sieb gießen, die kalte Butter einrühren, die Sauce mit Fünf-Gewürze-Pulver, Zucker und Salz abschmecken und warm halten.

- Den Kürbis in ein Sieb abgießen, ausdampfen lassen, dann mit Butter, Kalbsfond, Zitronensaft und Ingwer fein pürieren. Mit Muskatnuss, Salz und Pfeffer abschmecken. Warm halten.

- Für den Fisch das Kabeljaufilet in 2 gleich große Portionsstücke schneiden. In einem Topf 1 l Wasser mit 5 g Salz aufkochen. Kalbsfond, Zitronensaft, Olivenöl und 1 EL Butter in einem zweiten Topf erhitzen. Den Fisch zunächst in der Salzlösung 1 Minute ziehen lassen. Herausnehmen, den Topf mit dem Kalbsfond vom Herd ziehen und den Kabeljau darin 5–6 Minuten gar ziehen lassen.

- Währenddessen die Kürbiskerne in einer beschichteten Pfanne ohne Fett rösten, bis sie zu bräunen beginnen. Die krosse Hähnchenhaut auf Küchenpapier abtropfen lassen, noch warm auf der Fettseite mit Salz und Piment d'Espelette würzen, abkühlen lassen und in kleine Stücke brechen.

- Die Pfifferlinge putzen. Die restliche Butter in einer Pfanne erhitzen, die Pfifferlinge darin kurz schwenken und mit 2 EL Kalbsfond glasieren.

- Auf jeden Teller einen Klecks Kürbispüree geben, den Kabeljau auflegen, noch einmal mit Fleur de Sel sowie Pfeffer würzen und mit Kürbiskernen bestreuen. Die krosse Hähnchenhaut anlegen, rundherum je drei Pfifferlinge platzieren, das Ganze mit Five-Spice-Sauce beträufeln und mit Thai-Basilikumblättern garniert servieren.

Saint-Pierre
auf süß-saurer Rote Bete, Meerrettichcreme und Himbeeren

ZUTATEN

👥 ZWISCHENGANG
🕐 50 MINUTEN
⭐⭐ 2 GOLDENE STERNE

Für die Rote Bete:
100 ml Champagneressig
100 g Zucker
1 Lorbeerblatt
2 Wacholderbeeren
1 Schnitzer Bio-Orangenschale
1 Scheibe frischer Ingwer
Salz
2 Knollen Rote Bete (s. Tipp S. 26)
100 ml Pflanzenöl
frisch gemahlener schwarzer Pfeffer

Für die Creme:
50 g Sahnequark
50 g griechischer Joghurt (10 % Fett)
30 g Meerrettich (aus dem Glas)

Für den Fisch:
2 Saint-Pierre-Filets (à 100 – 120 g; s. S. 125)
2 EL Pflanzenöl
1 Zweig Thymian
50 g Butter
½ TL Himbeeressig
1 TL Zitronen-Olivenöl (s. Tipp rechts)
6 Blätter Thai-Basilikum zum Garnieren
100 g Himbeeren

Außerdem:
Trüffelhobel

- Für die Rote Bete 100 ml Wasser, Essig, Zucker, Lorbeer, Wacholder, Orangenschale, Ingwer und 1 Prise Salz in einem Topf erhitzen. Die Rote Bete schälen, 1 ½ Knollen in Würfel schneiden und im Sud bei niedriger Hitze 20 Minuten ziehen lassen. Die restliche Bete auf dem Trüffelhobel in feine Scheiben schneiden. Das Öl in einem Topf auf 160 °C erhitzen und die Rote-Bete-Scheiben darin 30 Sekunden frittieren. Herausheben, auf Küchenpapier abtropfen lassen, die Scheiben ein zweites Mal frittieren, wieder abtropfen lassen und mit Zucker, Salz und Pfeffer würzen.

- Für die Creme Sahnequark, Joghurt und Meerrettich cremig rühren und mit Salz und Pfeffer abschmecken.

- Die Saint-Pierre-Filets leicht mit Salz würzen. Das Öl in einer Pfanne erhitzen und den Fisch darin von beiden Seiten bei mittlerer bis starker Hitze jeweils 2 Minuten anbraten. Die Butter mit dem Thymian in die Pfanne geben und den Fisch in der Butter 1 Minute schwenken.

- Himbeeressig und Zitronen-Olivenöl verrühren und mit Salz und Pfeffer würzen. Die Thai-Basilikumblätter darin marinieren.

- Die Rote-Bete-Würfel abtropfen lassen und auf die Teller verteilen. Die Meerrettichcreme in Punkten dazwischensetzen, die Fischfilets auflegen, die Rote-Bete-Chips anlegen und das Ganze mit den Himbeeren und Thai-Basilikum garniert servieren.

REZEPTE Team Tim OLE

PRAXISTIPP

Für selbstgemachtes Zitronen-Olivenöl 2 Bio-Zitronen heiß abwaschen und trocken reiben. Die Schale in Streifen abschneiden und in eine Flasche (Inhalt 500 ml) geben. 400 ml bestes Olivenöl auf 40 °C erwärmen und das Öl in die Flasche füllen. Nach Belieben einen Thymian- oder Rosmarinzweig hinzufügen. Das Öl an einem dunklen, kühlen Ort 2–3 Wochen ziehen lassen.

Gin-Tonic-Praline
im Gurkensud

ZUTATEN

 DESSERT
🕐 1 STUNDE

Für die Praline:
110 g weiche Butter
50 g Zucker
1 Ei
½ TL Backpulver
70 g Mehl
Saft und Abrieb ½ Bio-Zitrone
1 Prise Salz
1 EL Wacholderbeeren
1 EL Zucker
2 EL Gin
1 EL Crème fraîche
100 g weiße Kuvertüre
Melisseblätter zum Garnieren

Für den Sud:
½ Gurke
10 Minzeblätter
5 Melisseblätter
1 EL Honig
1 TL Zitronensaft
1 Msp. Xanthan

PRAXISTIPP

Wussten Sie, dass es Gin, den Schnaps aus Wacholderbeeren, schon seit Mitte des 17. Jahrhunderts gibt? Gerade im Moment erlebt er eine Renaissance – Gin ist DAS In-Getränk der Stunde. Das ist gut für Feinschmecker und Gin-Liebhaber, die zurzeit aus einer großen Auswahl regionaler und internationaler Sorten wählen können.

„Es gibt Momente im Leben, wo auch wir Geschmäcker im Mund haben, die wir zuvor noch nie geschmeckt haben." (Frank Rosin)

- Den Backofen auf 160 °C Umluft vorheizen. 60 g Butter und den Zucker in einer Schüssel mit dem Schneebesen schaumig rühren. Das Ei unterheben, Backpulver und Mehl hineinsieben und mit dem Zitronensaft und -abrieb sowie 1 Prise Salz verrühren. Ein Backblech mit Backpapier auslegen, den Teig auf einem Viertel der Fläche dünn ausstreichen und im heißen Ofen etwa 12 Minuten goldbraun backen.

- In der Zwischenzeit die Gurke schälen, halbieren, entkernen, in kleine Stücke schneiden und im Blitzhacker zerkleinern. Kräuter, Honig und Zitronensaft dazugeben und nochmals pürieren. Die Masse durch ein feinmaschiges Sieb streichen, dabei das Gurkenwasser auffangen. Die Flüssigkeit mit Xanthan mischen und im Kühlschrank kalt stellen.

- Die Wacholderbeeren in einer heißen Pfanne mit dem Zucker karamellisieren, kurz abkühlen lassen und im Mörser fein zerreiben.

- Die restliche Butter mit Gin, Crème fraîche und drei Vierteln des zerriebenen Wacholders in einer Schüssel vermischen. Den ausgekühlten Rührkuchen in feinen Krümeln darüberbröseln. Alles gut vermischen und mit den Händen aus der Masse kleine Kugeln (Ø 3–4 cm) formen. Im Tiefkühlfach 15 Minuten kalt stellen.

- Währenddessen die Kuvertüre über einem heißen Wasserbad (s. Tipp S. 38) unter Rühren schmelzen. Die kalten Kugeln durch die heiße Schokolade ziehen und in einer Hand drehen, sodass sie leicht überzogen sind. Mit 1 kräftigen Prise Wacholder bestäuben und die Pralinen nochmals mindestens 15 Minuten ins Tiefkühlfach legen.

- Den Boden kleiner tiefer Teller mit Gurkensud bedecken, jeweils drei Pralinen darauf platzieren und das Ganze mit Melissenblättern garniert servieren.

Dreierlei Blumenkohl
auf Schokoganache und Brombeer-Pinienkern-Rolle

ZUTATEN

 DESSERT
 1 STUNDE
 BESTER LÖFFEL

Für die Ganache:
1 Blatt Gelatine
120 g Vollmilchschokolade
90 g Sahne
1 Prise Zucker
Salz

Für die Rolle:
1 Blatt Filoteig (s. Tipp S. 40)
1 Eiweiß
1 TL Butter
1 EL Pinienkerne
6 Brombeeren

Für den Blumenkohl:
½ Blumenkohl
50 ml Kokosmilch
50 g Crème fraîche
2 Spritzer Limettensaft
frisch geriebene Muskatnuss
frisch gemahlener schwarzer Pfeffer
1 EL Sonnenblumenöl
1 EL Limetten-Olivenöl
1 Msp. Vanillemark

Außerdem:
2 Metall-Ausstecher (Ø 5 cm)
Trüffelhobel
Spritzbeutel (s. Tipp S. 93)

REZEPTE Team Tim OLE

PRAXISTIPP

Die Teigstreifen lassen sich nach dem Backen noch besser von den Metall-Ausstechern lösen, wenn man sie zusätzlich mit einem Streifen Backpapier umwickelt, das zuvor mit eingefettet wurde.

„Die Röstaromen sind wichtig für den Kakao, weil sie das Aroma potenzieren."
(Heiko Antoniewicz - Gastjuror)

- Für die Ganache (s. S. 124) die Gelatine einweichen. Die Schokolade hacken. Die Sahne erhitzen, vom Herd nehmen und die Schokolade unterziehen. Zucker und Salz dazugeben, die Gelatine ausgedrückt darin auflösen. Im Kühlschrank 45 Minuten kalt stellen.

- In der Zwischenzeit den Backofen auf 180 °C vorheizen. Für die Rolle vom Filoteig 2 jeweils 2 cm breite Streifen abschneiden. Die Streifen mit verquirltem Eiweiß bestreichen, die Metallringe außen mit etwas Butter einfetten und die Teigstreifen um die Anrichtringe wickeln (s. Tipp links). Die Teigringe im heißen Ofen 5–6 Minuten goldbraun backen. Herausnehmen, leicht abkühlen lassen und die Teigringe abstreifen.

- Den Blumenkohl in Röschen schneiden. 1 Handvoll schöner Röschen beiseite legen, den Rest in kochendem Salzwasser 6 Minuten blanchieren. Sofort in Eiswasser abschrecken und abtropfen lassen. Die Röschen mit der Kokosmilch aufkochen, dann mit dem Stabmixer pürieren, Crème fraîche untermischen und mit 1 Spritzer Limettensaft, Muskatnuss, Salz und Pfeffer würzen.

- Einige Blumenkohlröschen auf dem Trüffelhobel in feine Scheibchen schneiden. Das Sonnenblumenöl erhitzen und die Kohlscheibchen darin kurz scharf anbraten. Auf einem Teller abkühlen lassen.

- Limetten-Olivenöl, 1 Spritzer Limettensaft, Vanillemark und Salz verrühren und die übrigen rohen Blumenkohlröschen darin marinieren.

- Die Pinienkerne in einer Pfanne ohne Fett bei mittlerer Hitze goldbraun rösten. Herausnehmen und abkühlen lassen. Die Brombeeren vorsichtig längs halbieren. Die Ganache mit den Quirlen des Handrührgeräts aufschlagen und in einen Spritzbeutel füllen.

- Das Blumenkohl-Kokos-Püree auf tiefe Teller geben, den Filoteigring mittig aufsetzen und mit der Ganache füllen. Rohmarinierte und gebratene Blumenkohlröschen aufsetzen, Brombeeren rundherum verteilen und das Ganze mit Pinienkernen garniert servieren. Bei diesem Gericht ist es besonders wichtig, für ein optimales Geschmackserlebnis alle Komponenten gleichzeitig zu schmecken.

„Die Poesie des Geschmacks kommt von wahrer Leidenschaft"

TEAM LEA LINSTER

Das Team Lea Linster

Nie hätte ich gedacht, dass wir auf so eine Achterbahn der Emotionen geraten können wie hier bei THE TASTE. Der Löffel relativiert alles – er kann aus dem Hobbykoch einen Profi machen und den Profi als Hobbykoch dastehen lassen. Die Herausforderung ist riesig!

Ich hatte meine Kandidaten nach dem Herzen ausgesucht und bin – trotz einiger Anstrengungen – auch heute noch froh über mein Team. Alle vier sind tolle Menschen, die gut kochen können. Es hat nicht immer so geklappt, wie wir es uns gewünscht haben, wobei durchaus Rezepte dabei waren, die ich grandios finde. Hoffen tut jeder auf den Sieg, in dieser Staffel hat Jan ihn verdientermaßen nach Hause getragen.

Egal, wie es insgesamt für uns ausgegangen ist: Carine, Björn, Kai und Wolfgang, ihr alle habt das großartig gemacht und wir waren ein super Team. Wir alle kochen mit dem Herzen. Bleibt die Persönlichkeiten, die ihr seid, und kocht weiterhin mit so viel Liebe und Leidenschaft!

Eure

Lea Linster
Avec Amour

Tatar
von der geräucherten Jakobsmuschel auf Erbsencreme

ZUTATEN

👥 VORSPEISE
🕐 1 STUNDE
⭐ 1 GOLDENER STERN

Für die Erbsencreme:
100 ml Gemüsefond
250 g grüne Erbsen (TK-Ware oder frisch)
Salz
frisch gemahlener schwarzer Pfeffer
1 Msp. Xanthan

Für das Tatar:
4 Jakobusmuscheln
5–6 Wacholderbeeren
Erbsensprossen zum Garnieren

Für das Dressing:
1 EL Olivenöl
½ EL Walnussöl
½ EL Zitronensaft
2 Msp. fein geschnittene Dillspitzen

Außerdem:
1 Spritzbeutel (s. Tipp rechts)
Topf mit Dämpfeinsatz
50 g Räuchermehl (s. S. 125)
2 Anrichteringe (Ø 6 oder 8 cm)

„Das Gericht hat Charakter ... es ist für den Löffel perfekt." (Tim Mälzer)

- Den Gemüsefond erhitzen und die aufgetauten TK-Erbsen darin 3–4 Minuten garen. Bei frischen Erbsen die Garzeit entsprechend verlängern. Herausheben, sofort in Eiswasser abschrecken und abtropfen lassen. Ein paar Erbsen für die Garnitur beiseite legen. Die restlichen Erbsen mit dem Stabmixer fein pürieren und durch ein feinmaschiges Sieb streichen. Die Creme mit Salz und Pfeffer abschmecken und das Xanthan untermischen. In einen Spritzbeutel füllen und im Kühlschrank kalt stellen.

- Für das Tatar die Jakobsmuscheln säubern. Den Dämpftopf im Bodenbereich mit Alufolie auskleiden, darauf Räuchermehl und Wacholderbeeren verteilen, den Deckel auflegen und den Topf bei starker Hitze erhitzen, bis das Mehl zu rauchen beginnt. Die Jakobusmuscheln im Dämpfeinsatz einsetzen, den Deckel auflegen, den Topf vom Herd nehmen und das Muschelfleisch (am besten auf dem Balkon oder der Terrasse) 5 Minuten räuchern.

- Die geräucherten Muscheln auf einem Teller im Tiefkühlfach 10 Minuten kalt stellen. In der Zwischenzeit für das Dressing beide Ölsorten, Zitronensaft und Dillspitzen vermischen und mit Salz und Pfeffer abschmecken.

- Die Jakobsmuscheln aus dem Tiefkühlfach nehmen, in feine Würfel schneiden und mit dem Dressing mischen.

- Das Tatar in der Tellermitte auf die Anrichteringe verteilen. Ringe abziehen, die Erbsencreme in Tupfern rundherum verteilen und das Ganze mit den restlichen Erbsen und ein paar Erbsensprossen garniert servieren.

PRAXISTIPP

Um Creme oder Püree auf Teller zu dressieren, benötigen Sie nicht unbedingt einen Spritzbeutel. Sie können die Masse auch in einen Frischhaltebeutel (je nach Menge 1 oder 3 l Inhalt) füllen, vorsichtig die Luft herausstreichen, die Öffnung verknoten und den Beutel bis zur Verwendung im Kühlschrank kalt stellen. Zum Aufspritzen der Masse einen der beiden unteren Zipfel abschneiden.

Blauer Quetschkartoffelsalat
mit Calamaretti, Brombeervinaigrette und Lavendelöl

ZUTATEN

 ZWISCHENGERICHT

 1 STUNDE

☀ 1 GOLDENER STERN

Für den Salat:
300 g grobes Meersalz
4 Zimtstangen
8 Sternanis
1 TL Nelken
5 Zweige frischer Lavendel
6 mittelgroße blaue Kartoffeln
6 Walnusskernhälften
Lavendelöl zum Beträufeln (s. Tipp)

Für die Vinaigrette:
10–15 Brombeeren
100 ml lauwarmer Geflügelfond
100 ml Walnussöl
½–1 TL Honig
Salz
frisch gemahlener schwarzer Pfeffer

Für die Calamaretti:
6 Calamarettituben (küchenfertig)
2–3 EL Erdnussöl

REZEPTE Team Lea KAI

PRAXISTIPP

Lavendelöl stellen Sie folgendermaßen selbst her: 500 ml bestes Olivenöl in einem Topf auf 40 °C erhitzen und 1 Bund Lavendelzweige mit 2 Streifen Bio-Zitronenschale darin 3-5 Tage ziehen lassen. Das Öl durch ein feinmaschiges Sieb gießen und in einer Glasflasche fest verschlossen aufbewahren.

„Lavendel und Calamaretti – passt das?"
(Lea Linster)

Den Backofen auf 190 °C Umluft vorheizen. Für den Salat den Boden eines Bräters mit dem Salz bedecken. Gewürze und Lavendel auflegen, darauf die Kartoffeln verteilen. Den Deckel auflegen und die Kartoffeln im heißen Ofen 30–35 Minuten weich garen. In der Zwischenzeit die Walnusskerne in einer Pfanne ohne Fett anrösten. Herausnehmen, abkühlen lassen und grob hacken.

Für die Vinaigrette die Brombeeren im lauwarmen Geflügelfond mit einer Gabel leicht zerdrücken und das Walnussöl in einem dünnen Strahl einfließen lassen, dabei stetig rühren, bis sich alles gut verbindet. Die Vinaigrette durch ein feinmaschiges Sieb gießen und noch einmal aufmixen. Mit Honig, Salz und Pfeffer abschmecken und beiseite stellen.

Die Calamarettituben der Länge nach aufschneiden und halbieren. Die Innenseite der Tuben mehrfach rautenförmig einritzen und mit Salz und Pfeffer würzen.

Die Kartoffeln aus dem Ofen nehmen, kurz ausdampfen lassen, pellen, mit einer Gabel grob andrücken und mit der Vinaigrette nach Belieben abschmecken. Die Hälfte der gehackten Walnüsse unterheben.

Das Erdnussöl in einer Pfanne erhitzen, die Calamarettituben darin bei mittlerer Hitze etwa 2 Minuten anbraten, bis sie sich aufrollen und goldbraun färben.

Den Quetschkartoffelsalat mittig auf die Teller geben, die Calamarettiröllchen auflegen und mit etwas Lavendelöl beträufeln. Die restliche Vinaigrette rundherum verteilen und das Ganze mit den restlichen gehackten Walnusskernen bestreut servieren.

Calamaretti
mit Avocado-Koriander-Creme und Zuckerschotensalat

ZUTATEN

 VORSPEISE

 1 STUNDE

 BESTER LÖFFEL

Für die Calamaretti:
6 Calamaretti
100 g Tempuramehl (s. Tipp)
1 Ei
Salz
500 ml Pflanzenöl zum Frittieren
2 EL Olivenöl
2 Knoblauchzehen
1 Zweig Rosmarin

Für den Salat:
1 Handvoll Zuckerschoten
1 Stängel Koriandergrün
½ TL fein geriebener Ingwer
2 EL Mirin (japan. Kochwein; s. Tipp)
2 EL Sojasauce
2 EL Sake (japan. Reiswein)
2 EL Reisessig
1 EL Yuzusaft (asiat. Zitrussaft)

Für die Creme:
1 Avocado
2 Stängel Koriandergrün
Saft von ½ Zitrone
Salz
frisch gemahlener schwarzer Pfeffer

REZEPTE Team Lea CARINE

PRAXISTIPP

Zutaten der asiatischen Küche wie Mirin oder Sake bekommen Sie heutzutage in den meisten gut sortierten Supermärkten. Tempuramehl und Yuzusaft sind schon ein wenig spezieller, aber ist über den Feinkost-Versandhandel oder große Asiamärkte zu beziehen. Mehr hierzu auf S. 125. Wie Sie Yuzusaft ersetzen können, finden Sie im Tipp auf S. 30.

„Das Gericht ist ganz toll, leicht asiatisch und extrem frisch ..."
(Tanja Grandits - Gastjurorin)

- Die Calamaretti putzen und den Stachel herausziehen. Die Beine von den Tuben trennen. Tempuramehl, Ei und 1 Prise Salz mit 100 ml eiskaltem Wasser zu einem homogenen dünnflüssigen Teig verrühren und beiseite stellen.

- Für den Salat die Zuckerschoten in kochendem Salzwasser 1 Minute blanchieren. Herausheben, sofort in Eiswasser abschrecken und auf Küchenpapier abtropfen lassen. Den Koriander fein hacken und mit Ingwer, Mirin, Sojasauce, Sake, Reisessig und Yuzusaft verrühren. Die Zuckerschoten in feine Streifen schneiden und mit der Marinade mischen.

- Für die Creme die Avocado längs halbieren, den Kern entfernen und das Fruchtfleisch herauskratzen. Den Koriander hacken und mit dem Avocadofleisch in einem hohen Rührgefäß mit dem Stabmixer cremig pürieren. Mit Zitronensaft, Salz und Pfeffer abschmecken.

- Für die Calamaretti das Pflanzenöl in einem Topf erhitzen. Den Tempurateig noch einmal durchrühren und die Calamaretti-Tentakel durch den Teig ziehen. Die panierten Tentakel im heißen Fett 3 – 4 Minuten goldbraun frittieren. Herausnehmen und auf Küchenpapier abtropfen lassen.

- Die Tuben der Länge nach aufschneiden und auf der Innenseite rautenförmig einritzen. Das Olivenöl in einer Pfanne erhitzen und die Tuben darin mit dem angedrückten Knoblauch und dem Rosmarin rundherum 2 Minuten anbraten. Mit Salz und Pfeffer würzen.

- Zum Servieren auf den Tellern einen Streifen Zuckerschotensalat verteilen, Tentakel und Calamaretti-Tuben abwechselnd auflegen und die Avocadocreme in Tupfern rundherum aufspritzen.

Graupengefüllte Sepiatuben
mit Zitrussalat, Krustentierjus und gebranntem Noristroh

ZUTATEN

 HAUPTGERICHT
🕐 1 STUNDE
⭐⭐ 2 GOLDENE STERNE

Für die Graupen:
1 große Schalotte
3 EL Olivenöl
100 g Perlgraupen
150 ml Weißwein
4 Zweige Thymian
2 Lorbeerblätter
400 ml heißer Geflügelfond
3 Tütchen Sepia-Tinte
Salz
frisch gemahlener schwarzer Pfeffer
2–3 EL frisch geriebener Parmesan

Für die Tuben:
6 Calamaretti
2–3 EL Rapsöl

Für den Salat:
Rapsöl zum Frittieren
2 Zweige Rosmarin
6 Zitronenfilets
6 Limettenfilets
2 Grapefruitfilets
2 EL schwarze Johannisbeeren
1 kleine schwarze Nuss plus Sirup
   (aus dem Feinkosthandel)
1 Spritzer Limettensaft

Für die Jus:
2 Schalotten
1 EL Olivenöl
100 ml Weißwein
400 ml Krustentierfond

Für das Stroh:
1 Noriblatt
½ TL geröstetes Sesamöl

Außerdem:
Zahnstocher

REZEPTE Team Lea KAI

PRAXISTIPP

Wenn das Frittierfett zu heiß ist, werden die Rosmarinnadeln braun und bitter.

„Das Thema ist sensationell kreativ bearbeitet worden." (Frank Rosin)

■ Für die Graupen die Schalotte schälen und fein würfeln. Das Olivenöl in einem Topf erhitzen und die Würfel darin 4 Minuten glasig schwitzen. Die Graupen kurz mitschwitzen. Mit dem Weißwein ablöschen und die Flüssigkeit auf die Hälfte der Menge einkochen. Thymian und Lorbeer dazugeben und die Graupen mit Fond bedecken. Bei niedriger Hitze etwa 30 Minuten bissfest garen, dabei immer wieder Fond nachgießen.

■ In der Zwischenzeit die Calamaretti putzen. Die Tentakel von den Tuben trennen. Für die Jus Schalotten schälen und fein würfeln. Olivenöl erhitzen und die Schalottenwürfel darin 4 Minuten glasig schwitzen. Mit dem Weißwein ablöschen, mit dem Fond auffüllen und die Flüssigkeit bei mittlerer Hitze einkochen.

■ Währenddessen für den Salat das Rapsöl 3 Fingerbreit hoch in einem Topf auf 130 °C erhitzen. Die Rosmarinnadeln abzupfen und im heißen Fett 30–45 Sekunden frittieren (s. Tipp links). Herausnehmen und auf Küchenpapier abtropfen lassen. Die Öltemperatur auf 160 °C erhöhen und die Tentakel darin 2–3 Minuten frittieren. Herausnehmen, abtropfen lassen und mit Salz und Pfeffer würzen.

■ Die Filets der Zitrusfrüchte in feine Stücke zupfen, die Johannisbeeren halbieren. Die Nuss fein würfeln, alles mischen und mit etwas Walnusssirup, Limettensaft und zerbröselten Rosmarinnadeln abschmecken.

■ Für das Stroh das Noriblatt mit Sesamöl einpinseln und über der Gasflamme kurz wenden, bis es kross ist. In feinste Streifen schneiden und beiseite legen. Die Jus mit Salz und Pfeffer abschmecken.

■ Das Graupenrisotto vom Herd nehmen, Lorbeer und Thymian entfernen, den Parmesan unterheben, bis das Risotto schön schlotzig ist, dann mit Salz und Pfeffer abschmecken. Die Calamaretti mit dem Risotto füllen und die Öffnungen mit Zahnstochern verschließen. Das Rapsöl in einer Pfanne erhitzen und die Tuben darin von beiden Seiten jeweils 2–3 Minuten anbraten. Herausnehmen und warm halten.

■ Auf den Boden tiefer Teller etwas Krustentierjus geben, die Calamarettituben schräg halbiert aufsetzen, den Zitrussalat darauf verteilen, die Tentakel auf den Schnittstellen der Tuben drapieren und das Ganze mit dem Noristroh garniert servieren. Die restlichen Graupen separat dazureichen.

Sashimi vom Loup de Mer
mit Gurken-Mango-Salsa und Panko-Nussbutter

ZUTATEN

 VORSPEISE
 45 MINUTEN
 1 GOLDENER STERN

Für die Zitrusreduktion (s. Tipp rechts):
Saft von 1 Zitrone
Saft von 1 Limette
2 EL Mirin (asiat. Kochwein; s. Tipp S. 96)
2 EL Reisessig
1 EL Sojasauce
1 EL Sake (japan. Reiswein)

Für die Salsa:
½ Mango
½ Gurke
½ rote Paprikaschote
1 Avocado
½ rote Zwiebel
½ rote Chilischote
1 Stängel Koriandergrün
1 Spritzer Limettensaft
1 EL Olivenöl
Salz
frisch gemahlener schwarzer Pfeffer
rosa Pfefferbeeren
Piment d'Espelette

Für die Marinade:
1 Stängel Koriandergrün
1 EL Zitrusreduktion (s.o.)
2 EL Mirin
1 TL Reisessig
1 EL Sojasauce

Für den Fisch:
200 g Loup-de-Mer-Filet (Sushi-Qualität)

Für die Nussbutter:
50 g Butter
2 EL Panko (asiat. Paniermehl; s. S. 125)

„Der Löffel ist in seiner Subtilität großartig." (Alexander Herrmann)

- Die Zutaten für die Zitrusreduktion in einem kleinen Topf erhitzen und die Flüssigkeit bei mittlerer Hitze auf ein Viertel der Menge einkochen.

- In der Zwischenzeit für die Salsa die Mango schälen, das Fruchtfleisch erst vom Stein und dann in feine Würfel schneiden. Die Gurke schälen, entkernen und mit der entkernten Paprika ebenfalls fein würfeln. Die Avocado halbieren, den Stein entfernen und eine Hälfte in feine Würfel schneiden. Die Zwiebel schälen und in feine Würfel schneiden. Die Chilischote längs halbieren, entkernen und ebenfalls fein würfeln. Die restliche Avocado mit Koriander, Limettensaft und Olivenöl mit dem Stabmixer fein pürieren und mit Salz und Pfeffer abschmecken.

- Mango-, Gurken, Paprika-, Avocado-, Zwiebel- und Chiliwürfel in einer Schüssel mit dem Avocadomus mischen. Mit Salz und rosa Pfefferbeeren nach Belieben abschmecken.

- Für die Marinade das Koriandergrün fein hacken und mit den restlichen Marinadenzutaten verrühren.

- Für die Nussbutter die Butter in einem kleinen Topf erhitzen und bei niedriger Hitze bräunen. Panko einrühren und weitere 5 Minuten in der Butter ziehen lassen. Den Topf vom Herd nehmen und beiseite stellen.

- Den Fisch in dünne Scheiben aufschneiden, in der Marinade wälzen und auf die Teller verteilen. Jeweils einen Löffel Gurken-Mango-Salsa danebensetzen und das Ganze mit der Panko-Nussbutter beträufelt servieren.

PRAXISTIPP

Die Zitrusreduktion können Sie auch durch 1 EL Yuzusaft (s. S. 125) aus dem Asiamarkt ersetzen.

Bachsaibling
mit Spargelemulsion, Spargelsalat und Frühlingsrolle

ZUTATEN

👥 ZWISCHENGANG
🕐 1 STUNDE
✳ 1 GOLDENER STERN

Für die Emulsion:
100 ml frischer weißer Spargelsaft (s. Tipp)
4 hart gekochte Wachteleier
1 TL Dijon-Senf
Abrieb von ½ Zitrone
100 ml Traubenkernöl
1 EL Zitronensaft
1–2 Tropfen Honig
1 Prise Cayennepfeffer

Für den Salat:
je 4 Stangen weißer und grüner Spargel
1 EL Zucker
Salz
½ Stange Rhabarber
1 Frühlingszwiebel
1 TL Honig
½ TL fein gehackte Thymianblättchen
2 EL Zitronensaft
2 EL Haselnussöl
frisch gemahlener schwarzer Pfeffer

Für den Fisch:
2 Bachsaiblingsfilets (mit Haut; à 80–100 g)
2 EL Rapsöl
2 TL Butter
1 Zweig Thymian

Für die Frühlingsrolle:
Rapsöl zum Frittieren
1 Zweig Rosmarin
2 Erbsensprossen
1 Stängel Dill

Außerdem:
gusseiserne Grillpfanne

PRAXISTIPP

Für Spargelsaft geben Sie 5–6 knackige weiße Spargelstangen in den Entsafter. Alternativ pürieren Sie ihn im Standmixer oder mit dem Stabmixer. Ein Sieb mit einem Passiertuch auslegen, die Masse hineingeben und den Saft herausdrücken – dabei den Saft natürlich auffangen.

PHILIPS 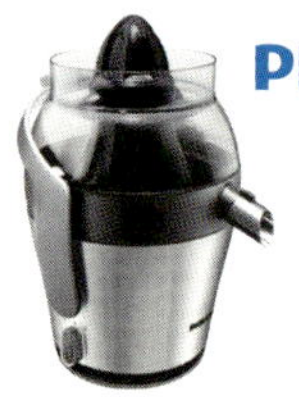
Entsafter
HR 1871

„Das ist der Frühling!" (Lea Linster)

Für die Emulsion Spargelsaft, geschälte Eier, Senf und Zitronenabrieb mit dem Stabmixer pürieren. In einem feinen Strahl das Traubenkernöl unterziehen und das Ganze durch ein feinmaschiges Sieb streichen. Die Emulsion mit Zitronensaft, Honig und Cayennepfeffer abschmecken. Beiseite stellen.

Für den Salat von allen Spargelstangen die holzigen Enden entfernen. Den weißen Spargel ganz, den grünen im unteren Drittel schälen. Den weißen Spargel in leicht gezuckertem kochendem Salzwasser 3 Minuten blanchieren. Herausheben, abtropfen lassen und der Länge nach halbieren. Eine Grillpfanne stark erhitzen und die Stangen mit der Schnittfläche nach unten darin braten, bis sie ein Grillmuster annehmen. Herausnehmen und leicht schräg in Stücke schneiden. Den grünen Spargel 30 Sekunden leuchtend grün blanchieren und mit den Stangen wie beim weißen Spargel verfahren.

Den Rhabarber entfädeln, schräg in Rauten schneiden und in Zuckerwasser 1 ½ Minuten garen. Abgießen und abtropfen lassen. Rhabarber und Spargel mischen. Den weißen Teil der Frühlingszwiebel (Rest aufheben) in hauchdünne Ringe schneiden. Honig, Thymian, Zitronensaft, Haselnussöl, Salz und Pfeffer mischen und Rhabarber und Spargel damit marinieren.

Die Saiblingsfilets auf Gräten prüfen und vorhandene ziehen. Das Rapsöl in einer Pfanne erhitzen und den Fisch darin bei mittlerer Hitze mit der Butter und dem Thymian auf der Hautseite 3–4 Minuten anbraten, bis die Haut goldgelb ist. Dabei immer wieder mit dem Bratfett begießen.

Für die Frühlingsrolle das Rapsöl 1 Fingerbreit hoch in einem Topf auf 130 °C erhitzen (s. Tipp S. 98), die Rosmarinnadeln abzupfen und im heißen Fett 30–45 Sekunden frittieren. Herausnehmen und auf Küchenpapier abtropfen lassen. Aus dem grünen Teil der Frühlingszwiebel zwei 2 cm lange schöne Stücke herausschneiden. Die Stücke mit je 1 Erbsensprosse, 1 Dillspitze sowie 2 frittierten Rosmarinnadeln füllen.

Die Spargelemulsion auf zwei tiefe Teller verteilen, etwas Spargelsalat daraufgeben, den Fisch auflegen und das Ganze mit der Frühlingsrolle und den restlichen Rosmarinnadeln garniert servieren.

Frikadellen
auf Fenchelmousseline

ZUTATEN

 HAUPTGERICHT

 45 MINUTEN

★ 1 GOLDENER STERN

Für die Mousseline:
2 Fenchelknollen
2 EL Butter
100 ml Weißwein
100 ml Geflügelfond
50-100 g Sahne

Für die Frikadellen:
½ Zwiebel
300 g Rindfleisch aus der Hüfte
40 g durchwachsener Räucherspeck
frisch geriebene Muskatnuss
Salz
frisch gemahlener schwarzer Pfeffer
2 EL Sonnenblumenöl
1 Frühlingszwiebel

PRAXISTIPP

Anstelle der Frühlingszwiebelröllchen können Sie das Gericht natürlich auch mit dem aromatischen gehackten Fenchelgrün bestreuen. In ein feuchtes Küchentuch eingewickelt, hält sich Fenchelgrün im Kühlschrank bis zu 1 Woche. Sie können dann ganz nach Belieben Suppen, Gemüse oder Salate damit würzen und garnieren.

■ Für die Mousseline den Fenchel in feine Streifen schneiden. Die Butter in einer Pfanne erhitzen und den Fenchel darin bei mittlerer Hitze anschwitzen. Mit Weißwein ablöschen und das Ganze aufkochen. Geflügelfond und Sahne angießen und den Fenchel 15–20 Minuten weich garen.

■ In der Zwischenzeit für die Frikadellen die Zwiebel schälen und in Würfel schneiden. Das Rindfleisch und den Speck in Stücke schneiden und mit den Zwiebelwürfeln durch die feine Scheibe des Fleischwolfs drehen. Mit Muskatnuss, Salz und Pfeffer abschmecken. Aus der Masse mit angefeuchteten Händen 4 Frikadellen formen.

■ Die Fenchelmasse in einem hohen Rührgefäß mit dem Stabmixer fein pürieren. Mit Salz und Pfeffer abschmecken, durch ein feinmaschiges Sieb passieren und warm halten.

■ Das Öl in einer Pfanne erhitzen und die Frikadellen darin von beiden Seiten je nach Größe 3–5 Minuten knusprig braun braten. Den grünen Teil der Frühlingszwiebel in sehr feine Ringe schneiden.

■ Auf jedem Teller einen Klecks Fenchelmousseline ausstreichen, die Frikadellen darauf platzieren und das Ganze mit einigen Frühlingszwiebelringen garniert servieren.

„Die Show war wieder einmal Gaumensex pur!"

TEAM FRANK ROSIN

Das Team Frank Rosin

Liebe Freunde,

THE TASTE ist aufregend, feurig, spannend. Für mich ist wichtig, dass auf dem Löffel Leidenschaft zu erkennen ist. „Nicht würzen durch Würzen, sondern würzen durch Kochen" – das war auch dieses Jahr die Devise meines Teams. Auf einem Löffel anzurichten, ist eine echte Herausforderung. Die einzelnen Komponenten verschmelzen mit einem Bissen zu einem – hoffentlich – großen Geschmackserlebnis. Und, ja, im Idealfall zu Gaumensex und kulinarischer Verführung. Das haben mein Team und ich häufig auch geschafft!

Klar, es gab auch Auseinandersetzungen – natürlich wieder unter uns Coaches, aber auch in der Küche.

Timo, du hast mir dabei mehrere Male echt die Stirn geboten – im Nachhinein muss ich schmunzeln. Aber deine Hartnäckigkeit hat sich ausgezahlt, du bist weit gekommen! Gabi und Manuel mussten die Sendung leider früh verlassen. Aber ich bin sicher, ihr beide zeigt an anderer Stelle, was in euch steckt!

Mein Respekt gilt Egor, der als Jungkoch mit gerade einmal 19 Jahren den Mut hatte, sich dem harten Urteil der Jury zu stellen. Dass Mut, Inspiration und Talent einen weit bringen können, hast du uns allen gezeigt, lieber Egor!

Am Ende des Tages war die Show einfach nur lecker. Und jeder von euch vieren hat einen super Job gemacht. Weiter so!

Euer

Variation von Olive und Kalmar
mit frischer Aioli und Zitrone

ZUTATEN

👥👤 ZWISCHENGANG

🕐 50 MINUTEN

⭐⭐ 2 GOLDENE STERNE

Für den Olivencake
(der Teig reicht für 10 Stück):
¾ Päckchen Trockenhefe
40 ml lauwarme Milch
330 g Mehl (Type 405)
140 g weiche Butter
   plus etwas mehr zum Fetten der Form
2 Eier
1 Tütchen Sepia-Tinte (nach Belieben)
Salz
frisch gemahlener schwarzer Pfeffer
100 g schwarze Oliven, püriert

Für die Olivenpaste:
10 Kirschtomaten
20 ml Gin
1 TL weißer Balsamico-Essig
1 TL Zitronensaft
100 g schwarze Oliven (ohne Stein)

Für die gebackenen Oliven:
10 Kalamata-Oliven (ohne Stein)
1 Ei
2 EL Panko (asiat. Paniermehl; s. S. 124)
Pflanzenöl zum Frittieren

Für die Aioli:
1 Knoblauchzehe
1 Ei
100 ml Rapsöl
1 TL Zitronensaft

Für den Kalmar:
4 Calamarettituben (küchenfertig)
Saft von ½ Zitrone
2 EL Mehl
2 EL Rapsöl

Außerdem:
Muffinblech

PRAXISTIPP

Garprobe für Rührteigkuchen: Der Teig ist fertig gebacken, wenn an einem in den Kuchen gesto-chenen Holzstäbchen beim Herausziehen kein Teig mehr haftet.

„Wunderschöner mediterraner Geschmack!"
(Frank Rosin)

■ Für den Olivencake die Trockenhefe mit der Milch verrühren und 10 Minuten beiseite stellen, bis die Masse zu schäumen beginnt. Das Mehl in eine Rührschüssel sieben. Die Milch-Hefe-Mischung sowie die übrigen Zutaten hinzufügen und alles zu einem homogenen Teig gründlich verkneten. Die Schüssel abdecken und den Teig 30 Minuten ruhen lassen.

■ Währenddessen den Backofen auf 170 °C Umluft vorheizen. Den Teig noch einmal durchrühren und in die gefetteten Mulden eines Muffinblechs füllen. Die Cakes im heißen Ofen etwa 25 Minuten backen.

■ In der Zwischenzeit für die Paste die Kirschtomaten mit Gin, Essig und Zitronensaft im Blitzhacker hacken. Die Oliven mit einem Stabmixer fein pürieren und mit 2 EL Tomatenmasse mischen. Mit Salz und Pfeffer abschmecken. Beiseite stellen.

■ Die Kalamata-Oliven der Länge nach halbieren, durch das verquirlte Ei ziehen und im Panko wälzen. Das Pflanzenöl 2 Fingerbreit hoch in einem Topf auf 130 °C erhitzen und die panierten Oliven darin etwa 10 Sekunden goldbraun frittieren. Herausnehmen und auf Küchenpapier abtropfen lassen. Beiseite stellen.

■ Für die Aioli den Knoblauch schälen, grob hacken und mit dem Ei in ein hohes Rührgefäß geben. Das Ganze mit einem Schneebesen oder dem Stabmixer aufmixen, dabei das Rapsöl in einem feinen Strahl einfließen lassen, bis eine cremig gebundene Masse entsteht. Mit Zitronensaft, Salz und Pfeffer abschmecken. Beiseite stellen.

■ Die fertigen Olivencakes (s. Tipp) aus dem Ofen nehmen und leicht abkühlen lassen. Währenddessen die Calamarettituben in 2 cm breite Streifen schneiden, mit Zitronensaft und Salz würzen und im Mehl wenden. Das Rapsöl in einer Pfanne erhitzen und die Calamarettiringe darin bei mittlerer Hitze 2 Minuten anbraten.

■ Auf jeden Teller einen aufgebrochenen Muffin setzen, die Calamarettiringe auflegen, mit etwas Aioli beträufeln, einige Tupfen Olivenpaste rundherum auf die Teller setzen und das Ganze mit den gebackenen Oliven garniert servieren.

Kaisergranat
auf orientalischem Salat mit Knoblauchcreme und Hähnchenchip

FINALE · ZITRONEN-MELISSE · FINALE

ZUTATEN

 VORSPEISE
🕐 1 STUNDE

Für den Chip:
1 Stück Hähnchenhaut (s. Tipp)

Für die Kaisergranate:
6 Kaisergranate
1 Schalotte
2 ½ EL Olivenöl
1 EL Tomatenmark
250 ml Krustentierfond
100 ml Weißwein
1 Knoblauchzehe
Saft von ½ Zitrone
1 Prise Zucker
Salz
frisch gemahlener weißer Pfeffer
1 TL Speisestärke (nach Belieben)

Für den Salat:
½ rote Paprikaschote
½ gelbe Paprikaschote
2 reife Tomaten
½ Gurke
½ kleine rote Chilischote
15 Blätter Zitronenmelisse
1 EL Olivenöl

1 EL Weißweinessig
Saft von 1 Zitrone
½ TL Raz el-Hanout
2 Prisen Zucker
Salz
frisch gemahlener schwarzer Pfeffer

Für die Creme:
1 Knoblauchzehe
4 EL Schmand
2 EL Vollmilchjoghurt
Saft von ½ Limette
2 Prisen Zucker

PRAXISTIPP

Die Hähnchenhaut verwenden Sie natürlich nur, falls Sie Hähnchen im Kühlschrank haben. Ansonsten fragen Sie einmal bei Ihrem Metzger, ob er zufällig Hähnchenhaut übrig hat. Alternativ können Sie auch einen der Wan-Tan-Chips aus diesem Buch verwenden (z. B. S. 20/21). Es geht beim Chip in erster Linie um den „Crunch" im Mund. Wobei Sie unbedingt einmal einen Hähnchenhautchip probieren sollten – er schmeckt unwiderstehlich!

„Das Gericht entwickelt eine schöne Säure, ist fein und elegant."
(Christian Lohse – Gastjuror)

Die Hähnchenhaut in einer heißen beschichteten Pfanne glatt ausstreichen, mit Backpapier belegen, mit einem kleinen Topf beschweren und bei niedriger Hitze 20–30 Minuten langsam knusprig braten.

In der Zwischenzeit die Kaisergranate vorbereiten (s. Kasten S. 15) und das Krustentierfleisch kalt stellen. Die Schalotte schälen und in feine Würfel schneiden. 2 EL Olivenöl in einem Topf erhitzen und die Karkassen mit den Schalottenwürfeln darin bei mittlerer Hitze anschwitzen. Das Tomatenmark dazugeben und kurz mitrösten. Den Krustentierfond angießen und die Flüssigkeit auf die Hälfte der Menge einkochen. Weißwein und geschälten Knoblauch hinzugeben und alles wieder auf die Hälfte der Menge reduzieren.

Währenddessen für den Salat Paprikaschoten und Tomaten halbieren, entkernen und ohne Stielansatz in feine Würfel schneiden. Die Gurke schälen, längs halbieren, entkernen und ebenfalls würfeln. Chilischote und Zitronenmelisse fein hacken. 2 EL Olivenöl, Essig, Zitronensaft und Raz el-Hanout verrühren und mit Zucker, Salz und Pfeffer abschmecken. Das Dressing mit dem Gemüse, Chili und Zitronenmelisse mischen und abgedeckt etwa 15 Minuten ziehen lassen.

Für die Creme den Knoblauch schälen und durch die Presse drücken. Alle Zutaten miteinander verrühren. Mit Salz und Pfeffer abschmecken. Beiseite stellen. Die krosse Hähnchenhaut aus der Pfanne nehmen, auf Küchenpapier abtropfen lassen und in Stücke brechen.

Den reduzierten Fond durch ein feinmaschiges Sieb gießen und mit Zitronensaft, Zucker, Salz und Pfeffer würzen. Nach Belieben die Speisestärke mit etwas kaltem Wasser glatt rühren und die Sauce damit binden.

In einer Pfanne das restliche Olivenöl erhitzen und die Kaisergranate darin bei starker Hitze von jeder Seite 5 Sekunden anbraten, mit der Sauce übergießen und 1 Minute bei niedriger Hitze gar ziehen lassen.

Den Salat mittig auf den Tellern anrichten, jeweils drei Kaisergranate anlegen, mit Sauce beträufeln, die Chips dazwischenstecken und das Ganze mit einigen Tupfern Knoblauchcreme rundherum garniert servieren.

Zweierlei vom Lachs
mit Sesamchip und leichter Mayonnaise

ZUTATEN

 VORSPEISE
 1 STUNDE
 1 GOLDENER STERN

Für das Zweierlei:
250 g Lachsloin (Sushi-Qualität)
1 Noriblatt
1 Frühlingszwiebel
½ TL Bio-Orangenabrieb
½ TL Bio-Zitronenabrieb
2 Spritzer Bio-Orangensaft
2 Spritzer Bio-Zitronensaft
2 EL Weißweinessig
½ TL frisch geriebener Ingwer
Salz
frisch gemahlener schwarzer Pfeffer

Für den Chip:
1 Blatt Filoteig (s. Tipp S. 40)
1 Eigelb
1 EL schwarze Sesamsamen

Für die Mayonnaise:
1 Ei
1 EL mittelscharfer Senf
2 EL Weißweinessig
100 ml Sonnenblumenöl

Außerdem:
2 runde Anrichteringe (Ø 6–8 cm)

REZEPTE Team Frank MANUEL

PRAXISTIPP

Wenn Sie das Filoteigblatt nach dem Backen zerbrechen, kann es sein, dass sich einige der Sesamsamen wieder lösen. Um dies zu vermeiden, schneiden Sie den Teig vor dem Backen in beliebig große Stücke.

„Der Löffel ist schon klasse gemacht!"
(Frank Rosin)

Den Backofen auf 160 °C Umluft vorheizen. In einem großen Topf Wasser zum Sieden bringen. Vom Lachsloin der Länge nach einen 2 cm breiten Streifen abschneiden und diesen horizontal noch einmal halbieren, sodass 2 längliche Streifen – wie Vierkanthölzer – entstehen. Das Noriblatt halbieren und jeden Lachsstreifen in eine Noriblatthälfte einrollen. Die Rollen mit einem Schaumlöffel vorsichtig in das siedende Wasser heben und darin 1 Minute ziehen lassen. Herausheben, kurz abtropfen lassen, beide Streifen in würfelförmige Stücke schneiden und beiseite stellen.

Den restlichen Lachs in feinste Würfel schneiden. Den weißen Teil der Frühlingszwiebel fein hacken und mit dem Lachs in eine Schüssel geben. Orangen- und Zitronenabrieb, Orangen- und Zitronensaft, Essig sowie Ingwer verrühren und mit Lachs und Frühlingszwiebel mischen. Mit Salz und Pfeffer leicht abschmecken. Beiseite stellen.

Den Filoteig auf einem mit Backpapier belegten Backblech auslegen, mit verquirltem Eigelb bestreichen und mit Sesam bestreuen. Das Teigblatt im heißen Ofen etwa 10 Minuten goldgelb backen. Herausnehmen, auskühlen lassen und vorsichtig in Stücke brechen (s. Tipp links).

Für die Mayonnaise das Ei mit dem Senf und dem Essig in einem hohen Rührbecher mit dem Stabmixer aufmixen. Das Öl erst tröpfchenweise, dann in einem dünnen Strahl einlaufen lassen und untermixen, bis die Konsistenz der Masse cremig wird. Mit Salz und Pfeffer abschmecken.

Auf jedem Teller mittig im Anrichtering das Lachstatar verteilen, darauf die Nori-Lachs-Würfel setzen und die Ringe vorsichtig entfernen. Das Ganze mit der Mayonnaise streifenartig beträufeln und mit 1–2 Sesamchips garniert servieren.

Makrelentatar und Entenherz
auf Portweinjus mit Nashi-Mango-Salat

ZUTATEN

 ZWISCHENGERICHT
 1 STUNDE
 BESTER LÖFFEL

Für den Salat:
1 Mango
1 Nashi (japan. Birne; s. S.124)
1 EL Zucker
3 EL Mirin (asiat. Kochwein; s. Tipp S. 96)
100 ml Apfelsaft
5 Kafir-Limettenblätter
Abrieb von ½ Bio-Limette
Abrieb von ½ Bio-Orange

Für das Tatar:
200 g Gelbschwanzmakrelenfilet
    (ohne Haut; Sushi-Qualität)
½ Schalotte
1 TL Butter
Saft ½ Limette
1 TL gehacktes Koriandergrün
½ TL Sesamöl
1 Prise Zucker
Salz
frisch gemahlener weißer Pfeffer

Für die Sauce:
1 Schalotte
1 EL Olivenöl
50 ml roter Portwein
50 ml Kalbsfond
1 Prise Zucker

Für den Chip:
1 Scheibe durchwachsener Speck

Für das Fleisch:
2 Entenherzen (s. Tipp)
100 ml Erdnussöl

Außerdem:
2 kleine runde Anrichteringe (Ø 6 cm)

REZEPTE Team Frank TIMO

PRAXISTIPP

Falls Sie keine Entenherzen einzeln kaufen können, ersetzen Sie sie
zum Beispiel durch Hühnerherzen.

„Sehr kompakt, schöne Texturen – das Hell und Dunkel kann man schmecken."
(Kevin Fehling – Gastjuror)

Für den Salat Mango und Nashi schälen und mit einem Gemüsehobel dünne, aber breite Streifen abschneiden. Aus den Streifen mit einem Anrichtering Kreise ausstechen.

Den Zucker karamellisieren. Mit Mirin ablöschen und den Apfelsaft angießen. Kaffir-Limettenblätter sowie Abrieb hinzufügen und alles aufkochen. Vom Herd nehmen und die Fruchtscheiben im Sud ziehen lassen.

Für das Tatar den Fisch in feine Würfel schneiden. Die Schalotte schälen und fein würfeln. Die Butter in einer Pfanne erhitzen und die Schalottenwürfel darin bei mittlerer Hitze 4 Minuten glasig schwitzen. Die Würfel auskühlen lassen und vorsichtig unter den Fisch mischen. Mit Limettensaft, Koriander und Sesamöl sowie je 1 Prise Zucker, Salz und Pfeffer vermischen und im Kühlschrank kalt stellen.

Für die Sauce die Schalotte schälen und in feine Würfel schneiden. Das Olivenöl in einer Pfanne erhitzen und die Schalottenwürfel darin glasig schwitzen. Mit Portwein ablöschen, den Kalbsfond angießen und die Flüssigkeit auf ein Drittel der Menge einkochen. Mit Zucker, Salz und Pfeffer abschmecken.

Für den Chip die Speckscheibe in einer Pfanne ausstreichen, einen Bogen Backpapier auflegen, mit einem Topf beschweren und den Speck bei niedriger Hitze etwa 10 Minuten knusprig ausbraten. Herausnehmen, auf Küchenpapier abtropfen lassen und einmal durchbrechen.

Die Entenherzen putzen, das heißt das obere Drittel entfernen, die Haut abziehen und die Herzen von Adern und Sehnen befreien. Das Fleisch mit Salz und Pfeffer würzen. Das Erdnussöl in einem Topf auf 130 °C erhitzen und die Entenherzen darin etwa 2 Minuten ausbacken. Herausnehmen und auf Küchenpapier abtropfen lassen.

Die Fruchtkreise aus dem Sud nehmen und auf Küchenpapier abtropfen lassen.

Das Tatar auf die Anrichteringe verteilen. Die Nashi- und Mangoscheiben im Wechsel auf das Tatar schichten. Obenauf ein Entenherz anrichten, mit einem Speckchip garnieren und das Türmchen mit der Portweinsauce beträufelt servieren.

Offene Spinatravioli
mit Rahmspinat und Maispoularde mit Kräuterkruste

REZEPTE Team Frank EGOR

ZUTATEN

👥 HAUPTGERICHT
🕐 1 STUNDE

Für den Spinat:
400 g frischer Spinat
1 Knoblauchzehe
2 EL Olivenöl
2 EL Sahne
1 Spritzer Zitronensaft
frisch geriebene Muskatnuss

Für den Teig:
1 TL Olivenöl
Salz
frisch gemahlener schwarzer Pfeffer
100 g Pastamehl (s. Tipp)
1 Ei
1 EL Kräuteressig

Für die Kruste:
je 1 Zweig Thymian und Rosmarin
1 Stängel Petersilie
½ Schalotte
50 g weiche Butter
1 TL Bio-Zitronenabrieb
½ altbackenes Brötchen, fein gerieben
1 Toastscheibe, fein gerieben

Für das Fleisch:
2 Maispoulardenbrustfilets (mit Haut)
2 EL Olivenöl

„Typischer Frank-Rosin-Schmackofatz!"
(Frank Rosin)

- Den Spinat verlesen, waschen und abtropfen lassen. Für den Teig 1 Handvoll davon mit Olivenöl, Salz und Pfeffer im Blitzhacker fein pürieren. Das Pastamehl mit dem pürierten Spinat, Ei, Essig und 1 Prise Salz zu einem homogenen Teig verkneten. In Frischhaltefolie gewickelt im Kühlschrank 20 Minuten ruhen lassen.

- Restlichen Spinat mit etwas Wasser zusammenfallen lassen. Herausheben und in einem Sieb abtropfen lassen. Knoblauch schälen und fein hacken. Das Olivenöl erhitzen und den Knoblauch darin glasig schwitzen. Den Spinat dazugeben und Sahne angießen. Mit Zitronensaft, Muskat, Salz und Pfeffer abschmecken. Warm halten.

- Den Backofen 160 °C Umluft vorheizen. Für die Kruste die Kräuterblätter fein hacken. Die Schalotte schälen und fein würfeln. 1 EL Butter in einer Pfanne erhitzen und die Schalotte darin bei mittlerer Hitze 4 Minuten glasig schwitzen. Die Brötchenbrösel dazugeben und knusprig rösten. Die Masse in eine Schüssel füllen und mit der restlichen Butter, den Kräutern und den Toastbröseln mischen. Mit Salz und Pfeffer abschmecken, zwischen zwei Lagen Frischhaltefolie auf die Größe der beiden Fleischstücke ausrollen und im Kühlschrank kalt stellen.

- Von der Poulardenbrust die Haut entfernen. Die Haut zwischen zwei Lagen Backpapier auf ein Backblech legen, mit einer Edelstahlpfanne beschweren und im heißen Ofen 8–10 Minuten knusprig backen. Inzwischen das Fleisch mit Salz würzen. In einer Pfanne das Olivenöl erhitzen und die Poularde darin bei mittlerer Hitze rundherum anbraten, dann bei niedriger Hitze von allen Seiten 15 Minuten sanft zu Ende garen.

- Währenddessen den Nudelteig aus der Folie wickeln, von Stufe 1–7 durch die Nudelmaschine drehen und auf der bemehlten Arbeitsfläche in 10 x 10 cm große Quadrate schneiden. In einem Topf Salzwasser aufkochen und die Nudelblätter darin 3–5 Minuten kochen. Herausheben und abtropfen lassen.

- Die Poulardenhaut aus dem Ofen nehmen, auf Küchenpapier abtropfen lassen und in Stücke brechen. Die Grillfunktion des Backofens einschalten. Das Fleisch mit der kalten Buttermischung belegen und im Ofen knusprig werden lassen. Herausnehmen, kurz ruhen lassen und in Tranchen schneiden.

- Zum Servieren in der Tellermitte einige Nudelblätter drapieren, etwas Spinat darauf verteilen, die Fleischtranchen anlegen und das Ganze mit der krossen Poulardenhaut garniert servieren.

PRAXISTIPP

Pastamehl wird aus Hartweizengrieß hergestellt. Es ist doppelt gemahlen und besonders fein. Dies sorgt dafür, dass die Konsistenz der Nudeln beim Kochen fest bleibt. Sie bekommen es in jedem gut sortierten Supermarkt, im Großhandel oder auch ganz sicher im italienischen Supermarkt.

Chicken-Nuggets
mit Mango-Birnen-Chutney, Hähnchenhautchips und Mayo

ZUTATEN

 HAUPTGERICHT
45 MINUTEN
 BESTER LÖFFEL

Für das Chutney:
1 Mango
1 Birne
4 getrocknete Aprikosen
1 Schalotte
1 TL Butter
3 EL Weißwein (nach Belieben)
5 Kaffir-Limettenblätter
¼ Piri-Piri (ohne Kerne)
2–3 EL Mangopüree
1–2 EL Sweet Chili Sauce
1 TL weißer Balsamico-Essig
Saft von ½ Limette
1 Msp. Fünf-Gewürze-Pulver (s. Tipp S. 82)
1 Prise Zucker

Für das Fleisch:
2 Hähnchenbrustfilets (à 200 g; mit Haut)
2 EL Walnusskerne
1 EL Mandelkerne
6 EL Panko (asiat. Paniermehl; s. S. 125)
1 EL Sesamöl
1 TL fein gehacktes Koriandergrün
2 Eier
2 EL Mehl
250 ml Erdnussöl zum Frittieren

Für die Mayo:
1 Ei
2 Eigelb
1 TL Dijon-Senf
etwa 200 ml Pflanzenöl
Saft von ¼ Zitrone
Salz
frisch gemahlener weißer Pfeffer

PRAXISTIPP

In der Sendung haben wir die Mayo in einem Schälchen aus Perl-
zwiebel serviert, für dieses Tellergericht haben wir darauf verzichtet.

„Sehr spannend! Es passiert die ganze Zeit etwas im Mund …" (Thomas Bühner – Gastjuror)

■ Für das Chutney Mango und Birne schälen. Das Mangofruchtfleisch erst vom Stein und dann in feine Würfel schneiden. Die Birne vierteln, entkernen, mit Aprikosen und Schalotte schälen und fein würfeln. Die Butter in einer Pfanne erhitzen und die Schalottenwürfel darin 4 Minuten glasig schwitzen. Obstwürfel dazugeben und 2–3 Minuten mitschwitzen. Mit Weißwein ablöschen. Kaffir-Limettenblätter und Piri-Piri dazugeben. Mangopüree, Chilisauce, Essig und Limettensaft einrühren. Alles bei niedriger bis mittlerer Hitze köcheln.

■ In der Zwischenzeit die Hähnchenbrustfilets unter fließendem kaltem Wasser abwaschen und mit Küchenpapier trockentupfen. Die Haut abziehen und in einer beschichteten Pfanne ohne Fett ausstreichen. Mit Backpapier belegen, mit einem Topf beschweren und die Haut bei niedriger Hitze etwa 20 Minuten schön langsam kross braten. Dabei nach der Hälfte der Zeit die Haut einmal wenden.

■ Für die Mayo Ei, Eigelb und Dijon-Senf verquirlen. So viel Öl in einem dünnen Strahl untermischen, dass die Masse cremig wird. Mit Zitronensaft, Salz und Pfeffer abschmecken. Kalt stellen.

■ Das Fleisch in mundgerechte Stücke schneiden. Walnuss- und Mandelkerne fein hacken und in einer Pfanne ohne Fett goldbraun rösten. Herausnehmen und mit dem Panko mischen. Sesamöl und Koriandergrün mischen. Das Fleisch mit Salz und Pfeffer würzen, mit dem Sesamöl einreiben, erst im Mehl wenden, dann durch das verquirlte Ei ziehen und abschließend in der Panko-Nuss-Panade wälzen. Die panierten Stücke zwischen den trockenen Handflächen leicht rollen, um die überschüssige Panade abzustreifen.

■ Das Erdnussöl in einer großen Pfanne auf maximal 130 °C erhitzen und die Chicken-Nuggets darin rundherum 2 Minuten goldbraun ausbacken. Herausnehmen und auf Küchenpapier abtropfen lassen.

■ Das Chutney mit Fünf-Gewürze-Pulver, Zucker, Salz und Pfeffer abschmecken. Die Hähnchenhaut herausnehmen, kurz auf Küchenpapier abtropfen lassen und noch heiß in 2 mm dünne Streifen aufschneiden.

■ Jeweils einen Klecks Chutney in der Tellermitte platzieren, die Hühnerhautchips mikadoähnlich darauf verteilen, die Nuggets rundherum anrichten und das Ganze mit einigen Tupfern Mayo garniert servieren.

Opa Ingos Frickis
mit Kartoffelsalat

REZEPTE Team Frank GABI

ZUTATEN

HAUPTGERICHT

45 MINUTEN

★★ 2 GOLDENE STERNE

Für den Salat:
300 g Drillinge (kleine Kartoffeln)
1 Zweig Rosmarin
Salz
1 Bund Schnittlauch
5 EL Sonnenblumenöl
1 EL weißer Balsamico-Essig
1 Msp. Bio-Limettenabrieb
1 Prise Zucker
frisch gemahlener schwarzer Pfeffer
1 Eigelb

Für die Frikadellen:
1 Zweig Thymian
2 Stängel glatte Petersilie
1 große Schalotte
½ Knoblauchzehe
1 EL Olivenöl
300 g gemischtes Hackfleisch
    (Rind/Schwein; s. Tipp)
2 TL Dijon-Senf
1 TL Tomatenketchup
½ TL Paprikapulver edelsüß
1 Ei
1 Eigelb
4 EL Semmelbrösel
2 EL Sonnenblumenöl
Meersalz-Flakes zum Betreuen
    (z. B. von Maldon)

PRAXISTIPP

Gabi hat ihr Hackfleisch in der Sendung selbst gemacht, indem sie Rinder- und Schweinefleisch zu gleichen Teilen durch den Fleischwolf gedreht hat. Dies können Sie zu Hause natürlich auch tun. Fragen Sie Ihren Metzger nach den am besten geeigneten Stücken. Gemischtes Hackfleisch sollte nicht mehr als 30 % Fett enthalten.

PHILIPS

Fleischwolf
HR 2727

„Das funktioniert wunderbar auf dem Löffel!" (Alexander Herrmann)

■ Für den Salat die Drillinge mit Schale und Rosmarin in ausreichend Salzwasser etwa 20 Minuten weich garen.

■ In der Zwischenzeit den Schnittlauch in feine Röllchen schneiden – einige Röllchen für die Garnitur beiseite legen. Das Sonnenblumenöl mit Essig und Limettenabrieb verrühren und mit Zucker, Salz und Pfeffer abschmecken. Das Eigelb und den Schnittlauch mit dem Schneebesen untermischen.

■ Für die Frikadellen Thymian- und Petersilienblätter abzupfen und fein hacken. Schalotte und Knoblauch schälen und in feine Würfel schneiden. Das Olivenöl in einer Pfanne erhitzen und die Schalotten- und Knoblauchwürfel darin bei mittlerer Hitze 4 Minuten glasig schwitzen.

■ Die angeschwitzten Knoblauchschalotten mit dem Hackfleisch und den Kräutern in eine Schüssel geben und mit Senf, Ketchup, Paprikapulver, Ei, Eigelb und Semmelbröseln sorgfältig mischen. Mit Salz und Pfeffer abschmecken. Aus der Masse mit leicht angefeuchteten Händen nach Belieben viele kleine oder vier größere Frikadellen formen.

■ Die Kartoffeln abgießen, kurz ausdampfen lassen und noch heiß pellen. Nach Belieben halbieren oder in dicke Scheiben schneiden und mit dem Dressing mischen. Beiseite stellen und durchziehen lassen.

■ Das Sonnenblumenöl in einer Pfanne erhitzen und die Frikadellen darin bei mittlerer bis starker Hitze von beiden Seiten jeweils 3–4 Minuten knusprig braun braten.

■ Auf den Tellern jeweils einen Klecks Kartoffelsalat anrichten, die Frikadellen daneben anlegen, mit Meersalz-Flakes bestreuen und das Ganze mit den restlichen Schnittlauchröllchen garniert servieren.

Lammfilet
mit Polenta, Schalottenconfit und gegrillter Mango

ZUTATEN

 HAUPTGERICHT
 45 MINUTEN

Für das Confit:
4 Schalotten
2 EL Butter
1 TL Zucker
200 ml Portwein
1 Lorbeerblatt
1 Kaffir-Limettenblatt
100 ml Lammfond

Für die Polenta:
1 Knoblauchzehe
1 EL Olivenöl
400 ml Lammfond
100 g Polentagrieß
je 1 Zweig Thymian und Rosmarin
3–4 EL frisch geriebener Parmesan
1 EL Butter

Für die Mango:
1 Mango
1 EL Rapsöl

Für das Fleisch:
360 g Lammfilet
Salz
2 EL Olivenöl
1 Knoblauchzehe
je 1 Zweig Thymian und Rosmarin
1 EL Butter
frisch gemahlener schwarzer Pfeffer

PRAXISTIPP

Die Polenta für dieses Gericht sollte wie ein Risotto so richtig schön „schlotzig"
sein. Je nach Herd und Hitze ist es möglich, dass die in der Zutatenliste angegebene Menge Lammfond nicht ausreicht. Darum während der Garzeit immer wieder einen Blick in den Topf werfen und bei Bedarf etwas mehr Fond angießen.

Für das Confit die Schalotten schälen und in feine Würfel schneiden. Die Butter in einer Pfanne erhitzen und die Schalottenwürfel darin bei mittlerer Hitze 4 Minuten glasig schwitzen. Den Zucker einstreuen und leicht karamellisieren. Mit der Hälfte des Portweins ablöschen, Lorbeer und Kaffir-Limettenblatt hinzufügen und die Flüssigkeit auf ein Drittel der Menge einkochen. Den übrigen Portwein mit dem Lammfond angießen und bei niedriger bis mittlerer Hitze reduzieren.

In der Zwischenzeit für die Polenta den Knoblauch schälen und in feine Würfel schneiden. Das Olivenöl in einem Topf erhitzen und den Knoblauch darin bei mittlerer Hitze 3 Minuten anschwitzen. Den Lammfond angießen und aufkochen. Den Polentagrieß einrühren, Thymian und Rosmarin dazugeben und das Ganze bei niedriger Hitze unter regelmäßigem Rühren 20 Minuten quellen lassen (s. Tipp links).

Die Mango schälen. Das Fruchtfleisch erst vom Stein und dann in mundgerechte Würfel schneiden. Das Rapsöl in einer Grillpfanne erhitzen und die Mangowürfel darin bei starker Hitze 1 – 2 Minuten rundherum anbraten, bis sich das charakteristische Grillmuster bildet.

Für das Fleisch das Lammfilet mit Salz würzen. Das Olivenöl in einer Pfanne erhitzen und das Lammfilet mit angedrücktem Knoblauch, Thymian und Rosmarin darin bei starker Hitze von jeder Seite 1 ½ Minuten scharf anbraten. Die Pfanne vom Herd nehmen, die Butter einrühren und das Fleisch damit mehrere Male begießen. Herausnehmen, mit Pfeffer würzen und 3 Minuten abgedeckt ruhen lassen, dann schräg in Tranchen aufschneiden.

Währenddessen die Polenta mit Parmesan und Butter verfeinern und nach Belieben mit Salz und Pfeffer abschmecken. Das Confit ebenfalls mit Zucker, Salz und Pfeffer abschmecken und Lorbeer und Kaffir-Limettenblatt entfernen.

Auf jedem Teller einen Klecks Polenta ausstreichen, einige Fleischscheiben anlegen, darauf etwas Zwiebelconfit setzen und das Ganze mit der gebratenen Mango garniert servieren.

Anrichteringe sind häufig nur in Standardgrößen ab 6 cm Durchmesser erhältlich. Man kann sie jedoch ganz leicht durch runde Ausstecher ersetzen, die es im Fachhandel in Sets mit 10 oder mehr Formen von etwa 2–10 cm Durchmesser bereits für unter 10 Euro gibt. Suchen Sie einfach im Internet in einer Suchmaschine unter dem Stichwort „Ausstechformen".

Brunoise heißen in der Profikochsprache feinste Gemüsewürfelchen von 1–2 mm Größe. Sie werden gerne als Einlage in Suppen oder Saucen sowie als Dekoration verwendet.

Carabineros, die tiefroten Riesengarnelen, werden unter Feinschmeckern als „Königin der Garnelen" gehandelt. Da Carabineros recht teuer sind, können Sie natürlich auch Black-Tiger- oder andere Riesengarnelen – nach Möglichkeit aus Wildfang – verwenden.

Confieren bezeichnet in der gehobenen Küche das langsame Einkochen primär von Fleisch im eigenen Fett bei Temperaturen um 80 °C. Dieses Verfahren ist schonend und sorgt für Zartheit und aromatischen Geschmack. Hier wurde es auch auf Gemüse, Kartoffeln etc. angewendet, das Eigenfett muss hier natürlich durch ein Pflanzenfett ersetzt werden.

Corail wird der orange-rote Rogensack von Jakobsmuscheln genannt. Während das zarte Muskelfleisch nussig und leicht süß schmeckt, hat der Corail einen intensiven Meeresgeschmack und ist nicht jedermanns Sache. Unter die nicht mehr kochende Fischsauce püriert, eignet er sich gut zur ihrer Würze und Bindung. Auch kann er gut zur Herstellung von Fischfond mitverwendet werden.

Ganache wird in der Patisserie eine Creme aus Kuvertüre bzw. Schokolade und Sahne genannt. Sie wird zum Füllen oder Verzieren von Gebäck und Süßspeisen verwendet.

Kaisergranate, auch als Langustinen bekannt, sind hummerähnliche Langschwanzkrebse, jedoch kleiner als Hummer (bis 25 cm) und mit viel schlankeren Scheren ausgestattet. Ausgelöst ähnelt ihr Fleisch dem der Garnele, ihr Panzer ist allerdings fester und der Vorderkörper stärker entwickelt. Ihr Lebensraum sind die europäische Atlantikküste und der Mittelmeerraum. Sie werden in erster Linie in den Sommermonaten angeboten. Man kann sie kochen, braten oder grillen.

Kapern sind keine Beeren, wie viele meinen, sondern die Blütenknospen des Kapernstrauchs. Nonpareilles werden die ganz kleinen feinen Kapern genannt. Die Früchte heißen Kapernäpfel. Damit Kapern ihr vollständiges Aroma behalten, sollte man sie immer erst am Ende der Zubereitung hinzufügen und nie lange mitgaren.

Königskrabbe, auch als „King Crab" bekannt, ist der Riese unter den Krebsen. Sie lebt in den Nordmeeren und kann bei einer maximalen Beinspannweite von 1,80 m bis zu 10 kg schwer werden. Das Fleisch ist hauptsächlich in den Beinen enthalten, weshalb häufig nicht die ganzen Tiere, sondern lediglich Beine und /oder Scheren angeboten werden. Königskrabben(beine) sind in Feinkostgeschäften, im Fisch-Fachhandel oder an ausgesucht gut sortierten Fischtheken erhältlich.

Kürbis zählt zu den ältesten Kulturpflanzen der Welt. Den ersten europäischen Siedlern in Südamerika sicherte er das Überleben. Heute wird die Gemüsepflanze in einer Vielzahl an Sorten weltweit in wärmeren Regionen angebaut. Hokkaido-, Butternuss- und Muskatkürbis gehören zu den kulinarisch bedeutenderen Sorten.

Kumquats, auch als Zwergorangen bekannt, sind länglich-oval, gelb bis orangefarbenen und stammen ursprünglich aus China. Die Zitrusfrucht in Wachteleigröße hat eine herb schmeckende Schale mit süß-saurem, leicht bitterem Fruchtfleisch. Meist wird sie roh oder kandiert verzehrt.

Nashi, auch als Apfelbirne bekannt, stammt aus Asien. Man unterscheidet zwischen chinesischer und japanischer Frucht. Heute werden Nashis in weiten Teilen Südostasiens, in Südamerika, Südeuropa, Australien und Neuseeland angebaut. Ihre Schale ist hellgelb oder bräunlich-golden. Ihr sehr saftiges, knackiges, vitamin- und mineralstoffreiches Fruchtfleisch schmeckt zugleich nach Apfel und Birne.

Pak-Choi, auch „Chinesischer Senfkohl" genannt, erinnert optisch ein wenig an kleinen Mangold. Seine mittel- bis dunkelgrünen Blätter haben kräftige Rippen, die wie Staudensellerie sehr gut gedünstet oder blanchiert werden können. Die Blätter selbst werden in der asiatischen Küche als Bestandteil von Fleischgerichten gerne gebraten oder geschmort. Pak-Choi gibt es in gut sortierten Supermärkten und Asiamärkten zu kaufen.

Pankomehl stammt aus Japan. Es wird aus Weißbrot ohne Kruste hergestellt und ist etwas leichter als unser Paniermehl. In der gehobenen Küche wird es gerne zum Panieren von Fleisch und Fisch benutzt. Erhältlich ist Panko im Asiamarkt.

Geräuchertes Paprikapulver verleiht Gerichten eine würzig-pikante Note. Es eignet sich zum Würzen von Fleisch- und Fischgerichten, Eintöpfen, Saucen und Marinaden gleichermaßen. Sein bekanntester Vertreter ist das herkunftsgeschützte spanische „Pimentón de la Vera" aus der spanischen Provinz Extremadura. Sie bekommen es in gut sortierten Gewürzregalen oder auf Wochenmärkten, können es notfalls aber auch durch eine Prise Cayennepfeffer ersetzen.

Piment d'Espelette ist eine Chilisorte, die nach einem kleinen Ort in ihrer baskischen Herkunftsregion im südwestlichen Frankreich an der Grenze zu Spanien benannt ist. Das Pulver ist orangerot und im Geschmack etwas milder als Cayennepfeffer, dafür noch aromatischer und besitzt eine fruchtig-süße, leicht rauchige Note. Piment d'Espelette ist in der internationalen Spitzengastronomie zu Hause und würzt nicht nur herzhafte Fleisch- und Fischgerichte, sondern verfeinert auch Süßspeisen.

Räuchermehl bekommen Sie in Grillfachgeschäften, gut sortierten Baumärkten, im Metzgereibedarf oder Sie bestellen es einfach über das Internet. Achten Sie beim Kauf in jedem Fall auf die Qualität des Produkts und kaufen Sie Räuchermehl oder -späne nur von bekannten deutschen Herstellern, um gesundheitliche Risiken auszuschließen.

Saint-Pierre, bei uns besser als Petersfisch bekannt, ist ein Meeresfisch von maximal 60 cm Länge und 4 kg Gewicht. Seine Körperform erinnert an eine Diskusscheibe, sein Name geht auf die Legende zurück, dass der hell umrandete schwarze Fleck auf beiden Flanken ein Fingerabdruck des Apostels Petrus ist. Der Petersfisch ist mit seinem feinen Fleisch kulinarisch eine Delikatesse und unter Feinschmeckern in der gehobenen Küche sehr beliebt.

Sous-vide-Garen, also das Garziehen in Wasserbad bei niedrigen Temperaturen zwischen 60 und 90 °C, ist die schonendste Zubereitungsart für Fleisch, Fisch und auch Gemüse oder Obst. Zum Vakuumgaren ohne spezielles Equipment siehe Tipp, S. 38.

Sternanis wurde während der Renaissance von den Engländern nach Europa gebracht. Seine Samenhülse hat die Form eines achtzackigen Sterns, der Geschmack der Samen erinnert an pfeffrigen Anis. Während sein Duft und Geschmack uns meist an weihnachtliches Gebäck erinnern, würzt Sternanis im Orient und in China häufig Fleischgerichte und ist Bestandteil vieler Gewürzmischungen.

Schwarze Trüffel, auch Périgord-Trüffel, ist die „Königin der Speisepilze". Sie hat ein schwarzes, von weißen Adern durchzogenes, feines, festes Fleisch mit intensivem Duft. Diese Köstlichkeit hat ihren Preis. Um ihr vielschichtiges feines Aroma zu erhalten, sollten Sie Trüffel nie zu lange bei hohen Temperaturen garen.

Wolfsbarsch, auch als Loup de Mer bekannt, ist wegen seines köstlichen weißen, zarten und grätenarmen Fleischs in den gehobenen Restaurantküchen und bei Feinschmeckern sehr beliebt. Der bei uns angebotene Edelfisch stammt häufig aus Aquakulturen, geschmacklich lohnt es sich beim Kauf in jedem Fall, auf Exemplare aus „Wildfang" zu achten.

Yellowfin Tuna, auch Gelbflossen-Thunfisch, kann bis zu 2,4 m lang und bis zu 200 kg schwer werden. Er ist in suptropischen und tropischen Gewässern rund um die Welt beheimatet und ganzjährig erhältlich. Braten oder grillen Sie Thunfisch nie zu lange, damit er im Kern schön saftig bleibt. Bei roher Zubereitung achten Sie bitte auf absolute Frische des Fischs und fragen Sie Ihren Fischhändler nach Sushi-Qualität.

Yuzu, auch als „Chinesische Zitrone" bekannt, ist eine japanische Zitrusfrucht. Optisch ähnelt sie einer tennisballgroßen, je nach Reifegrad grün-gelblich-orangen Mandarine mit dicker Schale. Das leicht bittere Fruchtfleisch mit vielen Kernen erinnert geschmacklich an eine Mischung aus Pampelmuse und Mandarine. Die Yuzu wird zum Würzen von Speisen verwendet. Bei uns ist sie als Saft oder Pulver in gut sortierten Asiamärkten sowie im (Internet-)Feinkosthandel erhältlich.

Impressum

ISBN 978-3-943848-50-2
Jan Aigner / Ulrike Kraus
THE TASTE – Die besten Rezepte aus Deutschlands größter Kochshow

Copyright:
icook2day ist die Verlagsmarke von CulinartMedia
© 2014 by CulinartMedia
CulinartMedia – Ein Unternehmen der CulinArts Holding GmbH
www.culinartmedia.com

© 2014 SAT.1 Lizenz durch: ProSiebenSat.1 Licensing GmbH
Based on the format "The Taste" developed by Kinetic Content LLC
www.prosiebensat1licensing.com

Konzeption & Umsetzung: Ulrike Kraus & CulinartMedia

Redaktion: Ulrike Kraus

Grafische Gestaltung: Königsblau Design, Nicole Gehlen

Fotografie Rezepte/Styling Rezepte/Rezeptvorlagen: Young-Soo Chang/Torsten Hülsmann/Ulrike Kraus

Repro: CMS - Cross Media Solutions GmbH, 97080 Würzburg
Druck: Stürtz GmbH, 97080 Würzburg

Special Thanks to:
Den Coaches Lea Linster, Tim Mälzer, Frank Rosin, Alexander Herrmann
Stephanie Prehn (Programm Managerin SAT.1)
Julia Bauer (Kommunikation/PR SAT.1)
Tabea Werner (Bildredaktion SAT.1)
Sylvia Zimmermann (Marketing SAT.1)

Mit freundlicher Unterstützung von Philips – Offizieller Partner von THE TASTE

Bildnachweis:

© SAT.1/Guido Engels, Willi Weber, Petro Domenigg: Cover Vorderseite oben (o), Mitte links (Mi li), Mi re, unten (u) li, u. re; Cover Rückseite; Vorsatz o 1. v. li, 3. v. li, Mi 1. v. li, 4. v. li, u 1.-3. v. li; Seite 2-9, 11, 13, 14, 16, 19, 20o, 21, 22o, 23, 25, 27, 29, 30, 31, 33, 34o, 37, 38o, 41-45, 47, 48, 51-55, 57, 58u, 59, 60o, 63, 64o, 65, 67, 69, 70, 71, 72Mi, 73, 74o, 77, 79, 80, 83, 84, 87, 89, 90-92, 95, 97, 99, 100u, 101o, 102o, 104Mi, 105-109, 111, 113, 115, 116, 119, 120o, 121, 123, 127; Nachsatz o 1.-4. v. li; Mi 1. v. li, u 1. v. li

© SAT.1: Cover Vorderseite u Mi; Seite 10o, 12o, 15o, 17, 18o, 24, 26o, 28o, 32o, 35, 36o, 39, 40o, 56o, 58o, 61, 62o, 66o, 68o, 72o, 75, 76o, 78o, 81o, 82, 85o, 86o, 88o, 93o, 94o, 96o, 98o, 100o, 103, 104o, 110, 112o, 114o, 117o, 118o, 122o

© StockFood: Seite 10u (unten), 12u, 15u, 18u, 20u, 22u, 26u, 28u, 32u, 34u, 36u, 38u, 40u, 46o+u, 49, 50o+u, 56u, 60u, 62u, 66u, 68u, 72u, 74u, 76u, 78u, 81u, 85u, 86u, 88u, 93u, 94u, 96u, 08u, 101u, 104u, 112u, 114u, 117u, 118u, 122u

© Privatbilder Kandidaten: Vorsatz oben 2. v. li, 4. v. li, Mitte 2. u. 3. v. li, unten 4. v. li; Nachsatz Mitte 2.-4. v. li, unten 2. v. li

© Philips: Seite 48u, 64u, 102u, 120u, 128

Einfach gut zubereitet

Leckere Gerichte mit bis zu **80% weniger Fett***

OFFIZIELLER PARTNER VON

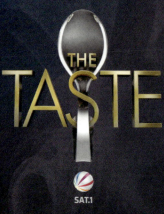

SAT.1

-80%*

Philips Airfryer XL – HD9240

- Zum Grillen, Frittieren, Garen und Backen
- Dank Rapid Air Technologie werden Speisen mittels Heißluft besonders schnell und fettarm zubereitet
- 60–200 °C
- 1,2 kg Fassungsvermögen
- Inkl. inspirierendem Rezeptbuch und weiteren Rezepten in der Airfryer App

Laden im App Store

* Im Vergleich zu selbstgemachten Pommes frites aus einer traditionellen Philips Fritteuse.

Mehr erfahren unter:
www.philips.de/airfryer, www.philips.at/airfryer, www.philips.ch

PHILIPS